DE LA FAMILLE,

CONSIDÉRÉE

COMME L'ÉLÉMENT

DES SOCIÉTÉS;

Par T. GUIRAUDET, *Secrétaire Général des Relations Extérieures.*

Πᾶσα γὰρ Πολις ἐξ οἰκιῶν σύγκειται.

« Car toute Société se compose de Familles. »

(ARIST. *Politic. cap. III.*)

A PARIS,

Chez DESENNE, Imprimeur-Libraire, Palais Égalité, Nos. 1 et 2.

1797. An V.

DE LA FAMILLE,

CONSIDÉRÉE COMME L'ÉLÉMENT DES SOCIÉTÉS.

INTRODUCTION.

Il est des vérités si simples, qu'elles ont dû se présenter les premières à l'esprit. Telle est celle-ci : que toute société, tout Etat est un composé de familles.

C'est ainsi qu'avoit défini la société, Aristote, l'écrivain politique de la Grèce et peut-être du monde entier, qui avoit le plus connu et étudié de sociétés différentes ; qui, à l'esprit le plus vaste et le plus profond, joignoit le jugement le plus sain et le plus droit ; Aristote, le philosophe et le savant de l'antiquité, riche de connoissances acquises autant qu'un homme peut en embrasser, et à qui l'on doit tant de méthodes ingénieuses pour acquérir et saisir les connoissances qu'on n'a pas ; Aristote enfin, que notre siècle semble condamner à l'oubli, sans doute pour lui faire expier l'excès de célébrité dont il jouit dans les siècles précédens : « Toute société, dit-il, se com-» pose de familles. »

On sera surpris de voir citer Aristote à l'appui d'une vérité tout à la fois si frappante, que personne ne la révoque en doute, et si stérile en apparence, qu'on n'est pas plus tenté de la contester, que d'y attacher quelque importance.

Mais s'il étoit vrai que cette définition fût aussi exacte que lumineuse et féconde ; s'il étoit vrai que, pour l'avoir ou négligée ou dédaignée, les plus grands écrivains en politique se sont trompés, et ont égaré et des législateurs et des nations entières avec eux, peut-être me pardonneroit-on de m'être étayé d'une autorité, là où il eût suffi d'exposer et de prouver.

Avant d'en venir aux preuves, qu'il me soit permis de dire un mot des moyens usités chez les anciens pour parvenir à des découvertes en général, comparés aux méthodes employées par les modernes pour arriver au même but. La différence des instrumens a dû si singulièrement influer sur la diversité des résultats ! . . . .

C'est au célèbre Bacon, à l'Aristote moderne, qui plus que tout autre, a contribué à faire oublier, j'ai presque dit à détrôner l'ancien, qu'il faut rapporter l'invention des méthodes analytiques, les seules employées aujourd'hui dans les recherches. Mais si l'on peut hasarder quelques réflexions sur ce sujet, ces méthodes sont-elles bien perfectionnées, bien connues et d'une pratique bien sûre ? Ce fil, présent du génie, qui a conduit souvent à la vérité à travers tant de détours, ne nous mène-t-il pas quelquefois à l'erreur ? . . . A-t-on bien déterminé la nature des objets qui sont susceptibles d'analyse, le point de la difficulté, et pour ainsi dire, la place où il faut l'appliquer ? N'est-ce pas quelquefois hors du labyrinthe qu'on cherche le Minotaure, et que, nous créant un dédale nouveau, notre imagination séduite nous persuade souvent que nous avons trouvé le monstre ? . . . .

Les méthodes anciennes, moins profondes et moins pénétrantes sans doute, n'avoient pas une application aussi générale, aussi étendue ; mais leur emploi n'étoit ni aussi difficile, ni aussi dangereux. Elles servoient moins à diviser l'objet qu'à le fixer, à le circonscrire, à le séparer de tout autre, pour le placer isolé, mais entier, sous les yeux de l'observateur : en conservant l'ensemble, elles conservoient également l'intégrité et le jeu de chacune des parties.

L'analyse au contraire, instrument délié et tranchant, pénètre dans le tissu même des corps ; pour pénétrer, elle divise ; souvent elle déchire, et entre des mains mal-habiles, ces divisions sont plutôt le produit de l'instrument, que l'ouvrage de la nature. De là peut-être et la fréquence, et la multiplicité de nos découvertes modernes, et le besoin de mots nouveaux pour les rendre. N'est-il pas permis de soupçonner que des découvertes sont des événemens plus rares, un bonheur plus difficile ? n'est-il pas à craindre que ces moyens de couper, pour ainsi dire la science pour la rajeunir, et de la transformer au point de la rendre méconnoissable, ne nous conduisent à une incertitude inquiète, à un scepticisme exagéré, aussi éloigné de la bonne route, que le scepticisme raisonnable en est plus près? ne redoute-t-on pas pour nous, qu'occupés à recueillir ces prétendues richesses et leur nouvelle nomenclature, à ramasser les membres ainsi épars du nouvel Absyrte, nous ne soyons retardés dans la poursuite de la science qui fuit devant nous?

Je ne propose que des doutes, mais je crois qu'ils valent d'être éclaircis. Ne reste-t-il pas à déterminer si toute espèce de sujet est susceptible d'analyse? si toute espèce d'analyse est la même pour tous? le point où celle-ci doit s'arrêter pour ses décompositions et ses créations? enfin, l'analyse n'a-t-elle pas ses fausses applications, ses écarts, son excès, ses dangers même et ses abus? . . . .

Pour l'examen de ces machines compliquées qu'on appelle sociétés, rien de plus utile sans doute que l'emploi de cette belle et ingénieuse méthode qui décomposant et recomposant, nous présentera chacun des ressorts en particulier, et le jeu de leur ensemble, et les élémens et leur produit. Mais le véritable esprit d'analyse propre à l'économie sociale, à une science aussi usuelle et aussi pratique, doit nous éloigner également de cette division excessive, dont le dernier terme ne soumettroit à l'examen qu'un être idéal, un atôme, au lieu d'un élément, qu'une fraction, au lieu d'un entier ; à nous préserver également de ces compositions factices, qui sont plutôt le produit du systême que l'ouvrage de la nature. Le bon esprit consiste, ce me semble, à s'arrêter dans la division sociale, à ce point que l'on peut, pour ainsi dire, saisir à l'œil nu, à ce cercle vraiment élémentaire que la nature a pris soin de tracer, de fixer elle-même, qu'il n'est pas plus possible de resserrer que d'étendre ; et ce dernier terme de division, c'est *la famille.*

Ce point nous présente tous les caractères d'un véritable élément. Toute société en effet, quelque nombreuse qu'elle soit, n'est elle-même que ce point ajouté et répété plusieurs fois : il peut exister seul, sans addition ou agrégation d'aucun autre. Comme le point mathématique est l'élément de la ligne, de la surface, et du solide, suivant qu'il est posé bout à bout, et latéralement, ou dans tous les sens ; de même la famille est le point social, élémentaire, qui compose à lui seul, en se multipliant, toutes les associations politiques.

Toute autre division ne peut être, ni élémentaire, ni naturelle. Ainsi celle qui ne considère que l'homme, et qui, après l'avoir envisagé ainsi isolé, regarde la société comme une réunion d'hommes, fait une de ces divisions dont le dernier terme n'est point un entier. L'homme, ainsi considéré, est du ressort de la physique ou de la morale ; mais l'homme en famille seul, est l'élément de la société.

Sans doute l'auteur éloquent d'Emile et du Contrat Social, qui semble avoir ainsi séparé, isolé l'homme pour le mieux considérer, et les autres écrivains politiques qui ont adopté ou sa méthode, ou ses résultats ont bien eu le dessein de considérer l'*homme en famille*. Mais c'étoit moins l'homme qu'il falloit analyser, que la famille dont il n'est que membre. Au lieu des rapports qu'il a avec tout ce qui l'entoure dans la nature, et qui ont fourni des tableaux si brillans, c'étoient ses rapports avec les divers membres de cette société primaire qui devoient être l'objet de leur étude. — Elle leur eût fourni tant de lumières utiles pour les institutions d'une société plus avancée !

« Qu'est-il arrivé, pourroit-on leur dire, de

la manière vicieuse dont vous avez placé votre sujet pour l'examiner ? C'est que vous ne l'avez rendu, ni vrai, ni ressemblant. C'est que, prenant pour objet principal de votre tableau de simples circonstances et de purs accessoires, vous avez été amené à vous créer deux espèces d'hommes différentes. Le premier que vous avez inventé, c'est l'homme *de la nature ;* le second, l'homme *de la société.* »

« Mais où commence l'état de société ? Où finit dans votre hypothèse, celui de nature ? La famille n'est-elle pas la première société ? la société la plus nombreuse n'est-elle pas cette même famille répétée ? Ces êtres abstraits, sortis de votre imagination, n'eussent été qu'une rêverie plus ou moins ingénieuse dans tout autre écrit ; mais dans un ouvrage politique, et sous une plume aussi éloquente que la vôtre, ces êtres, à l'aide de vos pinceaux brillans, ont pris une consistance et de la réalité. »

« Vous avez épuisé ce que le talent a de plus séducteur pour nous peindre l'homme sauvage aux prises avec les objets inanimés qui l'entourent, et qu'il voit pour la première fois ; vous avez caressé, flatté cette première image ;

et quittant avec peine les bois solitaires où vous vous étiez placé avec lui, vous l'avez conduit avec plus de regret encore dans l'état *de société.* Forcé d'arracher votre modèle à ce que vous avez cru être son état naturel, vous avez voulu du moins qu'il s'éloignât le moins possible de sa destination primitive, et vous l'avez voulu membre de la plus petite société politique. Une démocratie pure où le souverain peut s'assembler dans la place publique, et y dicter lui-même sa volonté et ses lois, vous a paru être la seule association où l'on dût conserver quelque portion des mœurs et de la liberté dont jouissoit votre homme sauvage. . . . . »

« Tel est l'ascendant du génie et le danger de ses erreurs, qu'il entraîne tout un peuple, tout un siècle avec lui. Chacun de vos lecteurs a été obligé de voir l'homme sous le même aspect sous lequel vous l'avez vous-même considéré ; et sans les leçons de l'expérience qui nous ont un peu détrompés, qui eût osé déplacer le modèle, et le présenter sous des jours différens ? aussi n'est-ce qu'avec peine que nous avons échappé au danger de vos erreurs, aux petites républiques, au fédéralisme des petits

Etats, et à la plus absurde comme à la plus vile ochlocratie. »

« C'est donc pour avoir poussé trop loin l'analyse, et pour n'avoir embrassé d'abord que l'homme *individuel*, qu'on a été entraîné à de si étranges résultats. Cette méthode a merveilleusement servi à démêler les vices de nos vieilles institutions, et à nous faire sentir les défauts nombreux de cet édifice gothique, qui nous servoit plutôt de prison que d'habitation commode. Aussi bientôt aux cris de ralliement qu'on tenoit de vous, *liberté*, *égalité*, les *vieux murs* se sont écroulés; mais malheureusement ces mots n'avoient pas la vertu magique d'opérer la reconstruction d'eux-mêmes; et l'abus qu'on en fait, n'a servi qu'à détruire encore ce qui eût pu rester debout. . . . »

Voilà les abus de la division analytique, appliquée à l'économie sociale, quand on les pousse trop loin.

Mais la méthode de Montesquieu, que j'appellerai sinthétique par opposition à celle-là, a peut-être de plus grands vices encore. »

En effet, il considère chaque grande société, pour ainsi dire, en bloc. Au lieu d'en examiner individuellement les membres, il ne fait qu'un individu de chaque masse ; il lui donne un esprit, une ame, une volonté ; et démêlant avec autant de sagacité que de pénétration et de finesse, le caractère de chacune en particulier, il présente, avec autant de talent que d'éloquence, le résultat que chacune d'elle doit offrir, d'après sa position géographique et la forme de son gouvernement. Historien fidèle et ingénieux, peintre exact et coloriste, ses portraits sont des tableaux parfaits, et ses plus beaux tableaux ne sont pourtant que des portraits; les défauts même du modèle, rendus avec art, sont des preuves de son génie. Heureux, quand se livrant à son goût, il peut se rapprocher dans la copie, de ce beau idéal dont il a si fort le sentiment ! Aussi ses meilleurs chapitres sont-ils ceux où il peint les plus belles formes existantes ; et, par exemple, celui dans lequel il décrit la constitution anglaise, est un chef-d'œuvre.

Imitateur en ce genre, qu'il n'eût peut-être pas créé, d'un peintre plein de génie et de profondeur, qui pour n'avoir laissé qu'un seul portrait, n'en a pas moins donné la mesure de son immense talent, Montesquieu n'a fait qu'appliquer à tous les gouvernemens connus, ce que Machiavel avoit fait pour tracer le despotisme d'un usurpateur. Ce Machiavel, dont il a si bien profité, qu'il a si bien entendu; Machiavel, qui se pénétra de son sujet et s'identifia tellement avec lui, qu'on lui en a prêté tous les vices; Machiavel, qui, à force d'art a tant fait oublier l'art qu'on a fixé pour ainsi dire sur le peintre, toute l'horreur qu'inspiroit le modèle; et que le tableau ayant pris le nom de l'artiste, ne désigne plus qu'un monument qui publiera à jamais le talent de son auteur, comme il calomniera sa mémoire.

Cette manière d'envisager les sociétés, uniquement modifiées par leurs constitutions diverses, et forcées de partager les inconvéniens et les avantages de la forme sous laquelle elles vivent, cette manière, dis-je, devoit produire les effets suivans.

Et d'abord celui d'attacher une grande importance à telle ou telle forme de gouvernement, à qui on attribuoit tant d'influence sur la liberté ou le bonheur des peuples.

Ensuite, comme d'après cette théorie, les vices et les abus découlent de la nature même du gouvernement, elle doit produire chez les peuples la nécessité de l'obéissance, et la résignation à des maux auxquels on ne peut remédier sans détruire en entier le régime dont ils sont une conséquence nécessaire. Ainsi les défauts de chaque mode différent de gouverner les nations, étoient excusés, consacrés même par la plus brillante théorie. Ainsi les hommes les plus éclairés en France, avant la révolution, quoique blessés du vice des priviléges, par exemple, étoient pénétrés de cette idée, « qu'une monarchie ne peut se soutenir sans » noblesse; qu'elle dégénéreroit en despotisme, » si elle n'étoit tempérée par des corps inter-» médiaires; » et tant d'autres assertions de ce genre, passées en maximes, par le talent de l'écrivain célèbre qui les avoit adoptées. Aussi, tandis que les principes de Rousseau servoient d'armes offensives pour tout attaquer, pour tout détruire en gouvernement, le systême de Montesquieu a servi et sert encore de bouclier et d'arme défensive à tous les partisans de ce qui a existé.

D'ailleurs, pour un auteur qui n'examine les sociétés qu'en masse, et qui veut tout faire sortir de son sujet ainsi considéré, le volume pour ainsi dire, de chacune d'elles, le lieu où elle est située, et la place qu'elle occupe, sont des circonstances qui doivent le frapper d'abord. et nous avons vu Montesquieu donner la plus grande importance au nombre d'hommes composant chaque peuple, et à leur position géographique sous tel ou tel climat. Ces deux circonstances déterminent même selon lui, la forme de gouvernement que chacun d'eux doit affecter. Les immenses plaines sont condamnées au despotisme; nul peuple nombreux ne peut être libre, sur-tout sous un climat chaud; et la liberté et la puissance semblent se graduer, et sur la population, et sur la température. Cette théorie est d'autant plus séduisante, qu'elle paroît être le résultat de l'histoire. Mais on a oublié de faire entrer dans les calculs, outre les secousses des révolutions, les changemens opérés par les découvertes nouvelles, l'amélioration produite par le progrès des lumières, l'invention de méthodes neuves de considérer les sociétés et leur gouvernement; la souveraineté du peuple reconnue; le système de représentation, seul moyen d'exercer cette souveraineté; l'imprimerie, la boussole, la thélégraphie des journaux, etc., etc. Toutes ces découvertes modernes doivent procurer à la nation la plus nombreuse, faculté d'exercer sa volonté, célérité, unité dans l'exécution, quelque vaste étendue de terrein qu'elles puissent occuper. Elles ont donc servi à détruire le systême de Montesquieu, en démontrant la possibilité d'allier la liberté avec de grands peuples et de grandes surfaces de territoire. Elles détruisent également celui de Rousseau, en prouvant qu'il est possible d'être libre et heureux, quoique membre d'une grande association. Il est même facile de faire voir qu'il y a une plus grande somme de bonheur et de liberté à attendre pour l'individu faisant partie d'une société nombreuse, dont la sûreté ne peut être troublée par l'ambition ou le caprice d'un voisin puissant, et dont chaque membre partage isolément la puissance et la force du corps entier, que pour l'individu, membre d'une petite association, ayant autant besoin de soutien et d'appui contre ses voisins que contre elle-même, et dont la foiblesse seule fait la force.

Ce que nous avons dit de ces deux systêmes suffit pour prouver, je le répète, que l'analyse poussée trop loin, a conduit Rousseau et ses partisans à un point de division qui n'est pas un entier. Il a coupé, au lieu de séparer; et quand il a voulu recomposer, il s'est vu forcé de faire des réunions et des corps, aussi peu dans la nature, que ce qui leur servoit d'élémens.

Montesquieu, au contraire, n'a considéré que les grandes divisions de chaque société; et consultant l'histoire, pour connoître le bonheur des peuples, il a cru entrevoir de grands rapports entre les différentes divisions admises chez eux, et ce que j'appellerois leur statistique morale. Ainsi la distribution des membres de la société en classes, en castes, en tribus ou en ordres; la forme du gouvernement, suivant qu'elle est entre les mains d'un seul ou de plusieurs; le grand ou le petit nombre des membres de la même société; le climat sous lequel ils vivent : telles ont été, selon lui, les causes *premières* du plus ou moins de bonheur, de richesse, de liberté et de puissance dont ils ont joui. Ces causes sont importantes sans doute, mais elles ne sont que secondaires. En effet, s'il existe dans chaque société une autre cause qui produise ces avantages, dont l'action soit constante, et la même sous toutes les températures, sous toutes les formes de gouvernement; si, après avoir porté l'analyse sur les autres distributions d'hommes et de puissance, qui avoit ébloui les plus clairvoyans, on s'arrête à cette division formée par la nature, ayant tous les caractères d'un véritable élément, qui n'a besoin que de se répéter pour former la masse entière, et qui se reproduit de lui-même, n'est-ce pas sur elle qu'il faut porter nos regards ?

Or, s'il est vrai, comme on n'en peut douter, que la *famille* soit réellement l'unité élémentaire dont se composent les sociétés, n'est-il pas naturel de penser que, plus cet élément sera lui-même bien organisé, bien constitué, et plus les composés et les agrégats qu'il forme, participeront de sa nature ? C'est un édifice dont la solidité sera appréciée, d'après la solidité des matériaux employés à le construire, quels que soient d'ailleurs sa forme, sa masse, l'usage auquel on le destine, l'emplacement sur lequel il est assis, sa distribution plus ou moins heureuse ; je dis *heureuse*, car la plupart sont le produit du hasard et des circonstances.

Mais si, poussant plus loin l'examen, nous trouvons que les peuples de la terre qui ont le plus marqué par leur puissance, leurs mœurs, etc. sont ceux chez lesquels cette unité élémentaire a été le mieux constituée, et qu'au contraire, ceux qui ont été ou qui vivent sous le despotisme, ont laissé cette même unité première, la famille, sans cohésion et sans force, il sera permis de douter qu'un principe qui a constamment d'aussi grands effets, mérite toute notre attention ; et nous nous permettrons de la détourner un instant des causes secondaires, dont on nous a tant occupés jusqu'ici, pour la porter uniquement sur celle-là.

Si, après avoir découvert que la liberté ou l'asservissement des peuples a toujours été gradué sur l'existence ou l'anéantissement de la puissance domestique, nous démontrons que tous les autres pouvoirs émanent de celui-ci, qui commence par les réunir tous ; que le gouvernement le plus sage et le meilleur est celui qui a conservé au gouvernement domestique son intégrité, et n'a retenu précisément que ce qu'il en falloit pour régir la masse entière, nous serons forcés de convenir qu'en matière sociale, la constitution de la famille est celle qui doit fixer les premiers regards du législateur. Ce ne sera point par la distribution et le balancement des pouvoirs et des résistances qu'il faudra commencer l'œuvre de la législation, mais bien par la fixation des pouvoirs de la famille.

On s'étonnera sans doute qu'une cause dont l'action a une telle intensité, que la nature a exposée la première sous nos yeux, et dont tout ce qui existe dans l'ordre social n'est que l'un des effets, n'ait pas frappé davantage les bons ésprits. . . . J'observerai d'abord que les idées simples sont peut-être les plus difficiles à saisir, ou du moins les dernières dont on s'avise : l'homme qui cherche, a peine à se persuader que la vérité soit si près de lui : il creuse, il pénetre, il avance, il s'éloigne, il se perd, et nous perd avec lui. D'ailleurs cette cause première, la famille, n'apparoît aujourd'hui chez presque tous les peuples, que plus ou moins altérée ou viciée par ces institutions générales qui gouvernent les nations. Loin d'être à même de calculer son action, il faut, pour ainsi dire, se borner à la deviner, tant elle est méconnoissable. C'est ce qui expliquera sans doute pourquoi, depuis cinq ans de révolution, nous avons fait trois constitutions, et je ne sais combien de milliers de lois, sans avoir, jusqu'à ce jour, un code domestique, sans nous être occupés de l'organisation de la famille, si ce n'est par quelques décrets partiels, pour y porter les derniers coups, et achever de la détruire. J'avoue même que ce n'est qu'en observant jusqu'à quel point d'avilissement elle avoit été réduite par nos dernières lois, que j'ai pu apercevoir l'intensité de cette puissance, et que j'ai été amené à connoître, et son importance, et l'immensité des objets qu'elle embrasse, la richesse de ses résultats, et que j'ai vu se développer un système entier, de l'examen de cette première cause.

Le grand problême à résoudre, en économie sociale, est de trouver un mode par lequel *l'expression de la volonté générale présumée*, ou la loi, soit constamment au-dessus de tout. Or, si vous pouvez trouver, dans la constitution de la famille, les moyens, 1°. de rendre la loi bonne, puisqu'elle ne seroit portée que par la volonté éclairée du plus grand nombre des intéressés à la rendre telle;

2°. De la faire exécuter dans toute l'étendue du plus vaste Empire, en offrant un magistrat à chaque porte, qui, sans frais, sans l'appareil de la force, de la contrainte, la fera suivre, aimer et respecter, comme il sera obéi, chéri et respecté lui-même;

3°. En offrant, dans cette chaîne de magistrats, la plus puissante barrière contre le despotisme, et pas la plus légère appréhension de tyrannie de leur part, on conviendra que nous aurons rempli les plus importantes conditions du problême, et que la loi mérite d'être étudiée sous ce rapport.

Si je n'avois consulté que mes forces, je

n'eusse jamais osé entreprendre de traiter un pareil sujet. Les circonstances nouvelles où je me trouve placé, en détournant mes études de cet objet, m'ont privé même du temps qu'il eût fallu pour rendre cette esquisse moins imparfaite. Mais le sentiment profond que j'ai de son utilité, l'a emporté sur celui de mon insuffisance. J'ai espéré que cet écrit pourroit être l'occasion, ou d'une bonne loi, ou d'un bon livre, et j'ai senti renaître mon courage. J'aurai assez fait pour mon bonheur et mon pays, si, donnant une nouvelle *pose* au modèle, j'ai pu fournir à l'habile artiste un sujet digne de ses pinceaux.

CHAPITRE PREMIER.

De la Famille ; son Gouvernement est monocratique ; *l'Homme seul en est le Chef ; vices de toute autre forme.*

LA famille, considérée comme l'élément de la société, est composée du père, de la mère et des enfans.

Il est évident que la société la plus nombreuse n'est que la famille répétée une infinité de fois. Ainsi c'est à juste titre qu'elle en est appelée l'*élément*.

Si nous voulons connoître les sociétés, il me paroît que ce qui doit nous occuper d'abord, c'est de considérer la qualité de l'élément qui les compose ; ici nous avons besoin du secours de l'analyse. C'est moins l'homme en général que nous examinons dans cette société primaire, que le père, la mère, la femme, l'époux, et leurs rapports réciproques, et leurs devoirs, et leurs droits sur leurs enfans, ainsi que les devoirs et les droits des enfans entre eux et envers leurs parens.

Cet examen est encore plus du ressort de la politique que de la morale. J'en préviens les esprits difficiles, qui, redoutant celle-ci, la verroient liée à la première, au point de ne pouvoir plus les distinguer l'une de l'autre; mais je ne pourrai que me savoir gré de leur méprise.

Nous considérerons donc la famille tour-à-tour, et dans son ensemble, et dans chacune de ses parties; nous les opposerons les unes aux autres, nous les comparerons; et ce travail, si je ne me trompe, doit servir à nous éclairer sur ses qualités, sa bonté, son caractère, son essence.

La nature a pris soin elle-même d'établir tous ces rapports; elle a réglé la constitution de cette première société. Ses lois devroient par conséquent être les mêmes pour tous les peuples, à quelque degré de civilisation qu'ils puissent se trouver, dans tous les climats, sous toutes les températures : cependant ce premier type constitutionnel est altéré presque par-tout. Quelles sont les causes de cette altération? ne sont-elles pas le produit de nos institutions sociales? Est-il vrai que plus celles-ci sont vicieuses chez les diverses nations, et plus le code domestique a été lui-même dénaturé?

Pourquoi est-il si dégradé parmi nous ?.....
Telles sont les questions que nous chercherons à résoudre.

Enfin, après avoir examiné la famille dans son état primitif, où elle n'est composée que du père, de la mère et des enfans, nous proposerons d'en étendre à quelques autres individus les lois, le bénéfice et les avantages ; nous ferons sentir la nécessité, dans une civilisation plus avancée, de regarder comme faisant partie de la famille le maître et le valet, l'apprentif, l'ouvrier, le compagnon, le serviteur, toutes distinctions qu'on ne manquera pas de qualifier d'aristocratiques, mais que nous verrons cependant s'allier avec l'égalité et la liberté. Nous proposerons quelques moyens simples, mais puissans, pour contenir, sans contrainte, une grande masse de peuple ; et peut-être au moment où l'on sent plus que jamais l'importance de former de grandes nations pour avoir plus de droits et de titres au repos ; au moment où une révolution a coupé les liens anciens de la société, et détruit avec raison les préjugés des tribus et des castes, est-il utile de trouver un mode nouveau de cohésion entre les divers membres de la société. S'il a été raisonnable de détruire des classifications gothiques, serviles et humiliantes, il n'est pas moins avantageux de les remplacer par des distributions nouvelles, qui sans blesser la dignité de l'homme, assurent la paix, l'ordre et l'obéissance; qui les classent, les retiennent, les attachent tous par des liens doux et puissans, chaînes de fleurs, quoique insolubles, dont la nature a pris soin de nous envelopper pour notre bonheur et notre repos, et qui ne doivent pas plus nous faire rougir que nous blesser.

A considérer la famille comme une société politique, et voulant déterminer la forme de son gouvernement, nous trouverons qu'il est essentiellement monarchique (1). Le père est le chef, le maître, le roi, le souverain de la famille; son amour seul peut tempérer sa puissance, et nul autre ne peut la balancer. Il est le plus âgé, le plus fort; c'est lui qui a construit la hutte, la cabane, le toit rustique

---

(1) Après avoir crié à l'aristocratie, on ne manquera pas de m'accuser de royalisme. On se convaincra, je l'espère, que les moyens que je propose sont les plus puissans qu'on puisse opposer à l'établissement de la royauté: c'est pour n'avoir pas un roi pour la France, que j'en propose un dans chaque famille.

sous lequel repose en paix sa famille; c'est de sa flèche légère qu'il atteignit l'oiseau rapide; c'est de sa main vigoureuse et meurtrière, qu'il terrassa, qu'il soumit ou qu'il déchira l'animal féroce dont la chair leur servit d'aliment, et dont la dépouille couvrit leur nudité; c'est de son bras nerveux et industrieux, qu'il ouvrit, qu'il creusa la terre pour en retirer, ou sa nourriture fécondée, ou les objets de leurs besoins. Sa femme, ses enfans implorent à la fois et admirent sa force et son adresse; c'est à ses facultés qu'ils doivent leur soutien; c'est à elles qu'il doit leur amour, leur respect et leur dépendance. L'exercice répété de ces sentimens, l'habitude de ces devoirs en a fait autant de besoins. Qui pourroit en effet en disputer l'hommage à celui qui nous donne la vie et les moyens de la conserver, à celui dont tous les actes sont, ou des preuves de supériorité, ou des traits d'amour et de bienfaisance?

Consultez son extérieur, son port, sa figure et ses traits, sur-tout avant que des institutions vicieuses soient parvenues à les altérer. Sa voix est mâle, mais douce; son regard assuré, majestueux, mais tranquille; sa démarche est noble, ferme; il est grave, silencieux, sérieux même, mais humain et sensible. Il porte, en entrant chez lui, ce caractère de repos que lui donne la confiance en ses propres forces; il y dépose avec ses armes jusqu'au soupçon qu'il seroit obligé d'en faire usage; enfin il est bon, car il est fort. Tel est à peu près le caractère que l'on donne à l'homme qu'aucun gouvernement n'a point encore dénaturé.

Seroit-ce la femme qui pourroit, qui voudroit lui disputer l'empire? Mais elle n'a rien qui ne vienne de son époux et qui ne soit à tous deux. Comme elle n'est forte que par lui, il semble n'être fort que pour elle: ils doublent leur pouvoir, en le partageant; et uniquement riche de ce partage, elle s'appauvrirait de tout ce qu'elle voudroit posséder seule. C'est ce que lui dicte la nature, dont elle est trop près pour ne pas en entendre les leçons.

Pour s'attirer cette considération qui fut d'abord le prix de la force, pour lui disputer la prééminence, peut-elle être jamais tentée d'employer ses foibles bras à des travaux soutenus, à des exercices pénibles, tandis que son époux dégradé perdra, dans l'oisiveté des occupations domestiques, et son courage, et sa vigueur? . . . . . Vit-on jamais deux êtres ainsi déplacés tromper également le but de la nature, et avilir réciproquement ainsi tous deux les fonctions qu'ils avoient mutuellement usurpées ? . . . . Non, non ; et cet échange qui n'a lieu que parmi nous, et dont la monstruosité ne nous frappe plus assez, parce que des institutions vicieuses nous y ont insensiblement conduits, ce monstrueux échange ne se fera pas entre deux êtres qui s'apprécient trop pour vouloir se dénaturer. La femme, contente d'occuper à côté de son époux la place qui lui fut fixée, continuera à régner en souveraine.

Eh ! qui plus qu'elle rassemble de titres et de droits à l'amour, au respect, à la reconnoissance de ses sujets ? Elle leur donna l'existence, elle les porta dans son sein, elle les nourrit de son lait ; elle ne voit autour d'elle que des individus qui lui doivent la vie ou le bonheur plus grand d'avoir été de moitié dans ce bienfait ; ce n'est pas le lieu ou le moment des ambitions insensées.

Mais quand, par l'effet d'une civilisation plus avancée, le besoin de la force se fera moins sentir, et quand celle-ci se remplacera avec succès par l'industrie, le talent ou l'adresse ; quand sur-tout les richesses produites, ou par l'emploi antérieur de la force, ou accumulées par l'économie, auront mis au pouvoir de la femme des moyens de faire subsister la famille égaux ou supérieurs à ceux de son époux, alors cet accroissement de moyens accroîtra nécessairement, chez elle, les prétentions à l'autorité, à la puissance. La différence primitive entre les deux sexes, ne restera fortement prononcée que parmi cette classe d'hommes laborieuse et pauvre, qui continuant, comme leur premier modèle, à s'occuper de travaux pénibles, auront conservé, et leurs forces par le besoin de l'exercer, et la conscience de leur supériorité relative. Dans les premières classes, au contraire, la dégradation de ces mêmes forces physiques, produites par le défaut de les exercer, cette dégradation physique d'un sexe donnera à l'homme et à la femme de ces classes une organisation plus rapprochée en apparence ; on sera plus tenté de comparer l'un à l'autre deux individus autrefois inégaux, dont le second croit s'être enrichi de tout ce qu'a perdu le premier.

De-là, les prétentions de la part des femmes, d'abord à une égalité dont la privation n'est, à leurs yeux, qu'une injustice de ces hommes, qui seuls ont fait les lois ; elles accroîtront encore, à raison des parallèles qui s'établiront entre tels maris et telles femmes, d'autant plus à l'avantage de ces dernières, que l'homme est véritablement déchu, et a perdu de ses marques distinctives. Les différences morales qui existeront encore entre elles et leurs époux, celles-ci les attribueront à la diversité de leurs éducations respectives : « C'est à la cauteleuse et coupable politique de l'homme, diront-elles, » qu'elles doivent l'ignorance profonde dans » laquelle elles ont été tenues; l'homme n'a » conservé quelque supériorité, qu'en se ré- » servant seul les lumières, les connoissances » de l'étude ; elles deviendroient semblables ou » supérieures à lui, si elles goûtoient du fruit » de l'arbre de la science. » C'est ainsi, nous dit-on, que fut tentée la première femme; et son exemple, perdu pour sa postérité, n'empêchera pas le succès d'une nouvelle tentation. Egalité d'éducation de s'introduire ; discussion des droits des deux sexes s'élever ; bientôt on verra une lutte scandaleuse s'établir entre deux êtres dont la réunion fait le bonheur et la force, que la nature ne caractérisa par des différences morales et physiques si marquées, que pour parvenir plus sûrement au but de l'unité domestique. On verra ces différences produire des oppositions et des résistances, les contrariétés naître des contrastes, le pouvoir se disputer,

se

se partager, flotter incertain, et souvent le sceptre de la famille tomber en quenouille.

Cet état, il le faut dire, est un état hors de nature. S'il est vrai, comme tout l'indique, que la constitution par laquelle se régit la famille, est une vraie monarchie, la nature qui a déterminé cette forme de gouvernement comme la plus propre pour atteindre le but qu'elle se proposoit, la nature n'a pas voulu compromettre le succès de son plus bel ouvrage, en laissant indécis le choix de celui qui seul devoit occuper le trône domestique. Comme elle n'a pas voulu le livrer à la merci de deux vouloirs différens, de deux pouvoirs opposés, elle n'a pas voulu également livrer à la rivalité des partis, aux orages des élections, la nomination du monarque, du roi, le choix du despote, du maître, et elle a posé de sa main la couronne sur la tête de celui qu'elle créa le plus fort.

Peut-on en effet supposer une autre forme et soupçonner un autre choix ? Y a-t-il possibilité de partager cette puissance ? Connoît-on quelque moyen d'en altérer l'exercice ? Mais, dans ce dernier cas, à quel temps, à quelle époque fixez-vous le règne de chacun des deux ? et dans le premier, quel terme, quelles limites déterminerez-vous pour chaque pouvoir isolé? S'ils sont égaux, et qu'il faille toujours le concours des deux volontés, qui décidera en cas de partage? Si chacun a son domaine distinct et séparé, vous allez donc diviser avec la puissance, le territoire et les sujets qui l'habitent, et arriver au terme absurde de couper, de partager l'enfant qui sera né de tous deux?...

La raison, la nature, concourent donc également à prouver la nécessité du gouvernement d'un seul dans la famille, et déterminent irrévocablement le choix de celui qui doit gouverner.

Mais, dira-t-on, vous condamnez donc les femmes à la plus aveugle comme à la plus absolue soumission. Leur seule vertu est l'obéissance, leur seul devoir est le plus entier asservissement aux volontés d'un époux. Quelles armes leur fournissez-vous donc contre les rigueurs d'un mari sévère, contre l'injustice d'un tyran cruel?..... Disons-le, ces reproches sont-ils faits de bonne foi? Pense-t-on que c'est en se livrant aux impulsions de la nature, en suivant la marche qu'elle a tracée, que la moitié du genre humain fera le malheur de l'autre moitié? N'est-ce pas plutôt le misérable esprit de *galanterie* qui auroit dicté des plaintes aussi peu fondées, des objections aussi puériles? Ah! tirons du moins de notre révolution l'avantage d'avoir mûri et renforcé le caractère national. Répudions pour toujours celui qui ne fut qu'un mélange bizarre de légèreté, d'indiscrétion, de gaieté, d'inconséquence, de bravade et d'audace, qui nous signale parmi tous les peuples de l'Europe, et auquel nous avions mérité de donner le nom de Français. Si nous n'adoptons pas sitôt des mœurs graves, simples, pures et modestes, ayons le bon esprit du moins de renoncer au ridicule de certains vices; renonçons sur-tout au misérable rôle de feindre la passion qu'on n'a pas, pour satisfaire moins les sens encore que la vanité, seule passion qui nous domine; cessons de nous laisser maîtriser par cette classe de femmes pour qui nous n'avons pas plus d'amour que d'estime, et pour qui nous nous avilissons uniquement en échange de ce que pour nous elles se sont avilies. Que chacun reprenne, dans son intérieur, et la dignité, et le rôle qui lui convient, et vous verrez ces transfuges des mœurs se rattacher par les liens domestiques aux fonctions qui leur furent destinées.

J'espère que, dans un sujet aussi grave et aussi important, qu'on peut regarder comme la base de toute législation, on ne m'accusera pas de vouloir augmenter le nombre des détracteurs du sexe, par un désir aussi coupable qu'insensé de m'attirer leurs regards, en employant le piquant du blâme aux mêmes usages auxquels d'autres emploient les formules usées de la louange. Je me respecte trop moi-même pour être guidé par aucun de ces pitoyables motifs. Le sentiment profond de leur véritable bonheur me fera tout sacrifier à dire imperturbablement ce que je crois être la vérité, et roulant au milieu des flots de l'Hèbre, ma bouche le redira encore : il faut un chef dans la famille, et vous ne pouvez ni ne devez l'être ; tout l'empire que vous avez voulu exercer vous-même, fut une véritable usurpation ; votre place fut à côté de votre époux ; et quand vous l'avez quittée pour prendre la sienne, vous les avez laissées toutes deux vacantes. Ne perdez pas de vue que c'est pour être épouses et mères que la nature vous forma ; que la maternité est le but unique vers lequel elle tend ; que le plaisir n'est pour elle qu'un moyen ; que l'amour, l'esprit, les grâces, la beauté, sont autant de fils et de chemins qui conduisent au terme, mais qu'elles ne sont point un terme, et que vous abusez, vous trompez la nature et ses lois, toutes les fois que vous en faites vous-même la fin de vos jouissances ; que les meilleures lois possibles seront celles qui, sans effort, vous contraindront à marcher vers ce point unique, comme les plus mauvaises sont celles qui arrêteront, dans ce sens, et vos progrès, et vos développemens.

Eh ! ne croyez pas que je veuille dessécher le cœur, et borner à des besoins physiques la plus belle des jouissances de l'homme. Non, non ; c'est pour vous conserver la faculté d'inspirer des passions brûlantes, que je veux proscrire ces passions feintes ; c'est pour pouvoir parler son langage, qu'il faut en bannir le jargon ; c'est pour assurer le bonheur et le charme des unions tendres et durables, qu'il vous importe de détruire ces liaisons éphémères, fruit de l'ennui, du désœuvrement, de la mode ; mélange monstrueux de coquetterie, d'intrigue, de faussetés, de promesses trompeuses, de sermens violés ; commerce scandaleux, où l'on calcule l'abandon, où l'on mesure les faveurs, où l'on se prête plus qu'on ne se donne ; marché infame, où, tour-à-tour trompeur et dupe, l'un achète plus qu'il ne paie, et l'autre se vend plus qu'il ne vaut, et si fort en usage, qu'il ne produit pas même un remords. C'est pour vous conserver, et vos autels, et vos temples, que je vous engage à renverser de vos mains virginales, et ces idoles surannées, autel bannal où la jeunesse de vos époux alloit sacrifier, avant d'entrer dans le monde, pour se former aux bienséances, et échangeoient leur innocence contre des leçons de conduite, de la mesure, du maintien, des procédés et des formes ; où ils acquéroient la malheureuse impuissance d'éprouver jamais une passion, et sur-tout la plus infame indulgence pour les goûts que vous pouviez contracter ; où ces ambitieuses prêtresses, favorables à leur sexe en dégradant le nôtre, effaçoient religieusement toute idée de prééminence, accoutumoient le plus fort à la domination du plus foible. C'est là que se préparoient ces mariages de *convenance* ; c'est dans ces associations plus ou moins durables de l'intérêt et de la vanité, que l'époux docile aux leçons données, et la femme aux exemples reçus, traînoient sans jalousie, comme avec la plus coupable indifférence, des nœuds, ou tissus sans plaisir, ou brisés sans regrets, et donnoient le jour à des êtres aussi indifférens à leurs parens, que ceux-ci l'étoient l'un à l'autre, et rendoient à leur tour à ceux-ci l'indifférence, le mépris le plus profond, comme le mieux mérité.

Non, non ; si tout semble vous condamner à la soumission, ce n'est pas à celle d'un être dégradé. Celui-là seul fut digne de vous commander, qui éprouva pour vous cette fièvre brûlante qui le conduisit et sut le fixer à vos pieds ; qui commença à vous obéir aveuglément, pour vous disposer à lui obéir à votre tour ; qui sentit ce délire, pendant lequel il fut votre esclave, pour vous préparer à le reconnoître un jour pour maître, et sur lequel vous avez conservé trop d'empire pour avoir à redouter l'ascendant que lui donnent, et la nature, et la loi. Est-ce auprès de celui qui apprit de vous ses premiers plaisirs, qui vous dévoila le secret de vos premières jouissances, que vous vous occuperez de distinctions, de prééminence, et pour qui vous aurez peine à abdiquer des prétentions insensées ?....

Ah ! croyez-moi, jamais vous n'assurez plus puissamment votre empire qu'au moment où vous y renoncez ; jamais vous ne dominez plus sûrement, qu'à l'instant même où vous paroissez avoir besoin d'un appui, d'un soutien, d'un maître, et jamais vous ne régnez plus sûrement, que lorsque vous paroissez moins préparées à le disputer. Souvenez-vous qu'on n'accorde au sexe que ce qu'il demande ; on lui refuse tout ce qu'il prétend arracher. L'idée de force et d'opposition réveille chez l'homme celle de refus et de résistance; moins la femme peut exiger, et plus elle obtient; et si vous en doutez, voyez-la au moment de devenir mère; les maux qu'elle éprouve, les symptômes douloureux de sa fécondité sont pour elle autant de moyens de domination et d'empire. Sa foiblesse toujours croissante, va bientôt augmenter, dans la même proportion, ses droits à l'autorité, à tel point, qu'au dernier terme de la gestation, à peine daigne-t-elle employer les formes de la prière; sa parole est prompte, courte, impérative, et elle ne commande jamais avec plus de succès et d'assurance, qu'au moment même où elle est le moins en état de se faire obéir.

Momens de foiblesse et de charmes, que de titres ne donnez-vous pas à la femme qui les éprouva, je ne dis pas seulement auprès de son époux, mais auprès de tous les hommes! Voyez-la s'avancer avec les preuves de fécondité. Sa démarche est lente et peu sûre; elle paroît, ils se rangent devant elle; tous lui ouvrent un passage au milieu de la plus tumultueuse foule; tous lui servent d'appui; c'est pour elle que sont, et les distinctions et les rangs, et les préséances; elle domine, elle est reine;... et ce n'est pas seulement le fardeau qu'elle porte qui lui concilie ainsi, et l'intérêt et le respect; c'est sur-tout la molle langueur de ses traits, et cette pâleur touchante, et cet air de souffrance qui lui donnent des droits plus puissans encore que la cause même de ses douleurs. Sans doute la nature a voulu ainsi garantir, entourer le premier berceau de l'enfance, et en confiant aux soins du plus foible le sort de notre frêle existence, elle a fait signe à la force de respecter la foiblesse; mais elle semble sur-tout avoir caractérisé l'espèce de moyens qu'elle a réservés à la femme pour assurer son empire dans tous les temps, pour déterminer la part qu'elle doit avoir dans le gouvernement de la famille; or cette part consiste bien moins à manifester une volonté, qu'à diriger, qu'à influencer, par sa foiblesse même, la volonté de celui qui gouverne.

Ne vous le dissimulez pas, quelque dégradé que soit l'homme, quoique amolli par les jouissances et le repos d'une longue civilisation, il est aussi distinct, aussi différent de vous aujourd'hui, qu'il le fut au moment où il éleva sa première cabane, et où il vous défendit contre la faim et contre l'attaque des animaux carnassiers. Ce qu'il fit autrefois par la force de son bras, par sa vigueur, son adresse et son courage, il l'exécute bien mieux encore aujourd'hui, en mettant bout à bout par la force de sa tête, la puissance d'une infinité de bras; et vous ne pouvez pas mieux le remplacer dans ces dernières fonctions, que vous ne fûtes tentées de manier autrefois à sa place, la lourde massue et l'arc redoutable. Croyez que cette égalité d'éducation et d'instruction qu'on réclame pour vous avec tant d'instance, et qui doit vous donner les mêmes moyens qu'à eux, est un piége tendu au sexe entier par quelques-unes de vous, qui ont pris la facilité pour du talent, l'impatience pour de l'ardeur, la mémoire pour du savoir, l'imagination pour du génie. Votre mobilité, votre vivacité, votre promptitude à saisir des rapports, vous feront faire d'abord des progrès rapides; mais ces qualités mêmes doivent vous empêcher de gagner le prix que vous voudrez disputer. Vous courrez toutes comme Atalante; mais comme elle, vous serez distraites par les pommes d'Hippomène. Excellez, servez-nous de modèle, s'il le faut, dans ce genre, dans ces sujets que l'on aime à voir fuir, pour ainsi dire, et s'échapper avec grâce; où la distraction est un agrément, et où la beauté naît du défaut. Portez, comme autrefois, et des feuillages, et des fleurs, pour couvrir en festons les troncs noueux ou les rochers que l'homme arrondit en berceaux sur vos têtes ; préparez ces tissus nombreux qui doivent servir à vous parer, à vous embellir, à perpétuer, et l'illusion de la beauté, et la magie de votre empire ; employez, et les nombreuses ressources de votre art, et celles de votre esprit à produire un enchantement nouveau qui vous assure la possession de votre domaine ; ne perdez pas de vue que vous êtes pour l'homme, le but, le terme de ses travaux, la récompense de ses peines, les témoins de ses succès, les coopérateurs, les admirateurs de sa gloire, dont l'éclat rejaillit sur vous : mais malheur à vous, si vous voulez en être la rivale ou l'émule. Pour décider, en peu de mots, sur la réalité de vos prétentions, il ne s'agit pas d'établir la comparaison entre tel homme ou telle femme, ou de donner la longue liste de vos *célèbres* ; ce procès peut être plus promptement jugé : il s'agit seulement de comparer la première des femmes avec les premiers des hommes, ou plutôt pour ne blesser aucun amour-propre personnel, depuis assez long-temps vous vous êtes emparées de la palette, de la plume, du pinceau, ou même du calcul, pour que nous soyons en droit de vous demander au moins un chef-d'œuvre, et nous déclarerons la cause perdue, quand vous aurez produit, ou un Tacite, ou un Newton, ou Michel-Ange, ou un Raphaël, ou un Corneille, ou ce Racine même, qui connut si bien le secret de vos sentimens et de vos foiblesses.

Mais si, malgré cette décision, il en est quelqu'une encore qu'un désir ambitieux entraîne dans les chemins ardus des sciences qui furent le partage de l'homme; qui ne craigne point de franchir les difficultés dont elles sont entourées pour lui, et la double haie du ridicule dont on les entoura pour elle, regardez-la comme une exception; plaignez-la, et plus souvent encore plaignez son époux, à moins qu'elle ne fût dirigée par ce qui justifie tout, le désir de plaire à ce dernier....... Respectable et docte Dacier! tu remplis avec autant de distinction que de zèle, les devoirs d'épouse et de fille, quand, attachée au double joug de l'hymen et de la science, tu traças à côté de ton époux les pénibles sillons de la critique, et que vous défrichâtes ensemble les champs épineux de la philologie et des langues mortes ; pénible labeur auquel ton père avoit façonné tes premiers ans ! Que d'autres te louent d'avoir été femme savante, je t'admire et te loue bien plus encore, parce que tu n'as été savante que pour mieux remplir ta qualité de femme. Quelle que soit ta réputation, tu seras plus justement célébrée pour cette soumission aux vœux d'un père, aux goûts d'un époux, que par la manière dont tu remplis ta part de cette érudite association. Reçois ici le premier hommage peut-être qu'on t'aye présenté dans ce genre, et puisse-t-il te consoler de quelques critiques, comme il doit t'absoudre à jamais de tout reproche de prétention ou de vaine gloire ! . . . .

Mais vous ! que tout autre motif porteroit à s'occuper de ces grands objets qui furent communément le partage de l'homme, et dans lesquels si peu d'entre eux même ont su réussir, savez-vous à quel prix on parvient à sonder ces profonds abymes ? croyez-vous que la nature vous ait formées pour parcourir ces ténébreux détours, pour en tirer des vérités aussi neuves qu'importantes, ou pour y puiser l'art plus difficile encore, d'exprimer de grandes passions ? . . . . Vous qu'une humeur toujours égale doit montrer sans cesse la même aux yeux d'un époux, d'une famille dont vous êtes le besoin de tous les instans ; savez-vous que ces occupations, ces recherches, veulent des êtres solitaires, mélancoliques et presque sombres ; qu'ensevelis dans la poussière du cabinet, plongés vivans dans le séjour des morts, elle les comdamne, comme un autre Thésée, à rester fixés sur la même pierre, et à se consumer à la poursuite d'une idée, d'un plan, d'un systême, d'une image ? .... Répondez : est-ce pour les flétrir à la lampe de l'étude, que la nature versa sur vous les fleurs à pleines mains ? vous dont les grâces, la beauté servent de fondement à votre empire, par quel bizarre caprice consentiriez-vous à affoiblir votre puissance ou à en abréger la durée ? vous surtout, dont les traits inaltérables doivent attester le calme des sens et la paix de l'ame, vous concilier la considération, le respect, et remplacer les charmes de la figure, quand ceux-ci n'existeront plus ! . . . . vous ! dont la marche sage et mesurée ne doit pas offrir un mouvement irrégulier ! voyez ces hommes qu'anime une inspiration soudaine, qu'entraîne une découverte heureuse . . . ; un frisson général, une convulsion subite, une immobilité qui tient de la stupeur, sont les avant-coureurs de cette espèce de conception. Tout-à coup leurs yeux se mouillent de larmes, s'enflamment ou s'attachent fixément au gré de leur imagination, qui les porte sur l'arène, sur le théâtre, à la tribune !.... Voyez ses traits se décomposer, son geste est menaçant...; tremblez !... Il tonne contre Philippe.... Frémissez ! Il enlace de serpens Laoocon et ses fils !.... Pleurez, il sacrifie Iphigénie.... D'autres fois, ah ! plaignez-le, et suivez ses pas ; il sort du bain, et l'œil égaré, il court nu les rues de Syracuse : « *Je l'ai trouvé*, *je l'ai trouvé*, » sont les seuls mots qui sortent de sa bouche ; ne le perdez pas de vue ; épiez ses mouvemens, et, loin de lui présenter en vous à son retour, un antagoniste d'étude ou de gloire, ah ! rappelez sa raison égarée ; ranimez ses sens épuisés ; qu'il n'éprouve, en entrant chez lui, que les soins touchans d'une femme tendre qui le délasse de ses recherches, de ses combats, de sa victoire même, et qui le console de son génie (1) !

---

(1) On connoît le trait d'Archimède, au moment où il eut découvert la pesanteur spécifique de l'or qu'il cherchoit depuis long-temps.

La raison et l'expérience vous démontrent également, que vous ne naquîtes pas pour former des Archimèdes ou des Michel-Ange ; à plus forte raison, la nature et les convenances doivent-elles vous éloigner des fonctions du gouvernement civiles et militaires, et des travaux des Solons et des Lycurgues. Les Sémiramis et les Elisabeth ne forment pas même des exceptions à cette règle (1). Comment se

---

(1) Je ne répéterai pas ce qui a été dit si souvent, que les Empires gouvernés par des femmes qui ont illustré leur règne, ne l'ont été si bien, que parce que les hommes y dominoient ; quoique cette vérité soit prouvée, peut-être seroit-il aisé de tirer de l'histoire de ces reines si vantées, des preuves qui réduiroient leur célébrité à une telle valeur, qu'elle ne leur conserveroit pas même les foibles priviléges de l'exception. Je ferai seulement observer, que là où le trône est héréditaire, on ne gagne que de prévenir les orages d'une élection. Dans un pareil gouvernement, où l'on a mieux aimé tenir un roi des mains du hasard, que de le devoir aux mouvemens d'une faction, la plupart des hommes que la naissance appelle à régner, ont dû, par le fait même de leur naissance et de leur éducation, conserver si peu d'énergie, de caractère ou de talens, que chez les peuples où les femmes sont habiles à succéder, les périls de la chance n'ont pas considérablement augmenté. Il ne faut pas perdre de vue que le plus grand avantage de l'hérédité du trône, et peut-être le seul, consiste moins à bien remplir sa place de roi qu'à empêcher qu'un autre ne l'occupe ou même soit tenté de la disputer. C'est aux

fait-il

fait-il, cependant, que les femmes aient eu en France une influence politique, telle qu'elles n'en ont jamais obtenu de pareille chez aucun peuple ? L'examen rapide de cette question, loin d'être étranger au sujet que nous traitons, en nous découvrant la cause de nos maux, nous fournira peut-être, plus que toute autre recherche, le moyen d'en prévenir le retour.

---

lois à régler tellement les fonctions et les prérogatives de cette même place, que le caractère et la nature de l'occupant soient parfaitement indifférens aux gouvernés. La loi qui exclut les femmes est plus sage, en ce qu'elle diminue le nombre des ayant droit, et sur-tout les prétentions des étrangers. Elle sauve, à mes yeux, une monstruosité en économie domestique, je veux dire le renversement de l'hiérarchie dans la famille.

CHAPITRE II.

Des Femmes en France, jusqu'à l'époque de la Révolution.

Si nous remontons aux temps les plus reculés de notre histoire; si nous examinons la peinture aussi éloquente que fidèle que nous ont tracé des mœurs des peuples dont on nous fait descendre, les plus célèbres écrivains de Rome, nous nous convaincrons que rien n'est aussi vrai, rien n'est aussi conforme à la raison et à la nature, que l'ascendant des femmes chez les Gaulois, chez les Germains, et leur influence dans les déterminations les plus importantes de ces nations belliqueuses. Selon Tacite, les Germains consultoient souvent leurs femmes; ils faisoient grand cas de leurs avis, et ils les croyoient douées d'une prévoyance presque surnaturelle. « Inesse » quinetiam sanctum aliquid et providum putant : nec aut consilia earum aspernantur aut » responsa negligunt »... C'étoit à la vue de leur famille, aux cris de leurs enfans, à la voix de leurs femmes, qu'ils combattoient.

Aussi, les différens corps de troupes n'étoient-ils pas comme dans les autres armées, formés d'hommes réunis au hasard et sans liens entre eux, mais composés de guerriers plus ou moins unis l'un à l'autre par les liens du sang, et qui tenoient toujours auprès d'eux ces gages communs, témoins sacrés dont les applaudissemens ou la présence étoient, pour chacun d'entre eux, le plus puissant aiguillon du courage. » Quod præcipuum fortitudinis » incitamentum est, non casus, nec fortuita » conglobatio turmam aut cuneum facit, sed » familiæ et propinquitates ; et in proximo » pignora ; unde fœminarum ululatus audiri, » unde vagitus infantium : hi cuique sanctis- » simi testes, hi maximi laudatores.... » Rien n'est comparable aux traits de courage, d'abandon héroïque, d'enthousiasme guerrier de la part des femmes, que les prodiges du même genre qu'elles faisoient opérer par leurs époux, leurs enfans ou leurs frères, et dont elles étoient la première cause et le premier mobile. « Ad » matres ad conjuges, nous dit encore Tacite, » vulnera ferunt : nec illæ numerare aut ex- » sugere plagas pavent. Cibosque et horta- » mina pugnantibus gestant. Memoriæ pro- » ditur quasdam acies inclinatas jam et laban-

» tes, à feminis restitutas, constantiâ precum
» et objectu pectorum, et monstratâ cominùs
» captivitate, quam longè impatientiùs femi-
» narum suarum nomine timent. » Je pourrois tirer de pareils exemples et de l'histoire des mœurs des Gaulois par César, et de notre propre histoire, mais je ne pourrois citer un seul trait qui n'eût été ou surpassé, ou répété, ou recommencé tant de fois que, dans l'impossibilité d'en rapporter un grand nombre, je croirois commettre une injustice en m'arrêtant à un seul. Parler des Germains, peuple dont les mœurs, le courage et les habitudes ont tant de rapports avec ceux des Gaulois, c'est parler également de ceux-ci, dont on nous fait plus particulièrement descendre. On est si fort tenté d'ailleurs, de ne citer que Tacite et les Germains, que cet écrivain inimitable, d'une énergie, d'une précision, d'une profondeur et d'une perfection désespérante, semble s'être surpassé dans le tableau qu'il fait des mœurs de ce peuple.

Quoiqu'il en soit, tous les auteurs contemporains se réunissent à faire les mêmes récits, et prouvent à l'envi, combien, chez les deux peuples, les femmes obtenoient et méritoient la vénération, le respect qui leur valurent cette influence et cet ascendant dont elles jouissoient à si juste titre......

L'empire Romain s'écroule de toutes parts; les peuples qu'il avoit jusques-là contenus, en précipitant sa chûte, s'emparent de ses débris. Cette vaste domination est divisée et forme plusieurs Empires peuplés des anciens habitans ou indigenes, de quelques Romains et des nouveaux conquérans. La réunion d'hommes si différens, produit un mélange bizarre de mœurs, de lois et d'habitudes qui varient à l'infini; cependant, au milieu de cette diversité, s'établit un ensemble de réglemens et de coutumes, qui compose le systême de gouvernement adopté par les vainqueurs.

Il est à remarquer que ce gouvernement (féodal) est le seul employé par les peuples accourus des points de la terre les plus opposés, pour s'emparer des dépouilles de Rome; soit que la plupart des nouveaux conquérans, ayant eu la même origine, dussent apporter les mêmes formes de dominations; soit que les premiers occupans, ayant introduit ce systême, servissent, de proche en proche, de modèle à ceux qui vinrent après eux; ou bien enfin, que cette espèce de gouvernement militaire se trouvât et le plus naturel et le plus simple pour un peuple guerrier, qui, les armes à la main, s'empare d'un pays qu'il veut habiter, et que le *servage* fût le genre d'esclavage le plus sûr contre des nations agricoles, où les conquérans sont le plus petit nombre...

De quelque manière qu'on explique ce phénomène politique, son existence n'en est pas moins réelle. Par-tout la tyrannie féodale a retenu et a réuni de sa main de fer, les divers membres de ce colosse détruit et dispersé. Le pays conquis appartenoit, en toute souveraineté, au chef ou aux chefs qui s'en emparoient; et dans les distributions partielles du territoire que ceux-ci faisoient à leurs officiers inférieurs, soit à vie, soit pour toujours, ils distribuoient, divisoient également les droits de rendre la justice et une portion de la souveraineté même, en se réservant seulement, sous le nom de suzeraineté, une puissance et des droits supérieurs. Les propriétaires des nouveaux lots avoient, à leur tour, le droit d'aliéner, de partager avec d'autres et le territoire et la souveraineté même; celle-ci, inhérente à la terre, se subdivisoit à l'infini, comme la base sur laquelle elle étoit assise; chacun des nouveaux propriétaires ou vassaux reconnoissoit pour suzerain, d'abord celui qui l'avoit mis en possession ; mais il relevoit également de tous les intermédiaires placés entre le premier distributeur et lui.

Cette subdivision de souveraineté et de puissance, opéroit deux effets bien remarquables ; le premier étoit d'accroître le nombre de ceux qui devoient foi et hommage au premier distributeur, et celui de diminuer par-là la puissance des intermédiaires ; mais sur-tout en multipliant les anneaux de la chaîne qui s'étendoit depuis le premier chef, duc ou roi si l'on veut, jusqu'au dernier des arrières-vassaux ; en rapprochant, en resserrant les intervales du rézeau féodal, elle le mettait à même de s'appliquer aux plus petites parties, de les embrasser, de les enlacer, et de les serrer toutes de si près qu'aucune ne pût leur échapper. C'est à cette subdivision graduelle, à ce *filet magique*, dont on n'a pas assez admiré, ce me semble, la composition et la texture, qu'ont été pris, et que dorment ou s'agitent depuis plus de mille ans tous les peuples de l'Europe ; c'est là que quelques-uns se débattroient encore en vain, aussi fortement resserrés que dans les premiers temps, si ceux-là même qui avoient forgé leurs chaînes n'avoient, par leurs dissentions, contribué à les affoiblir et à les détruire.

Un système si bien combiné pour retenir un peuple dans les fers, ne pouvoit être également propre à faire le bonheur de ce même peuple. Cette subdivision de souveraineté et de territoire amena les désordres inséparables d'un gouvernement composé de ce nombre infini de maîtres et de petits tyrans dont chacun avoit ses droits, ses prétentions, ses volontés, ses caprices. Les communications étoient peu sûres; les chemins infestés de brigands; nul commerce, nulle industrie; les propriétés violées; le vol, le pillage, le meurtre, enfin, tous les abus de la force impunis; tels étoient les effets qui devoient naître et qui naquirent d'un pareil régime. Souvent ces désordres étoient commis par ceux-là même destinés à les empêcher; plus souvent encore, ils naissoient de leur impuissance à les prévenir. La violence amena la nécessité d'un centre vigoureux de pouvoir, d'une justice à laquelle tout pût ressortir, qui réprimât tant d'excès; et la puissance royale s'accrut des pertes de la féodalité affoiblie.

Ce changement fut l'ouvrage de plusieurs siècles. Dans l'intervalle, s'étoient formées ces associations chevaleresques entre les nobles du temps, qui, sentant la nécessité d'établir une police sur leurs terres, et se trouvant toujours armés, le casque en tête, la lance en main, parcourant les campagnes, cherchoient à la purger des scélérats, à délivrer, à secourir, à venger l'innocence opprimée. Ces associations ou ordres dont les statuts et l'esprit étoient un mélange singulier et bizarre de dévotion, de galanterie et d'héroïsme, s'alimentoient, se fortifioient de tous les préjugés de la religion, des prestiges de l'amour et de l'enthousiasme du courage. C'est ce triple motif qui les dirigea dans leurs expéditions répétées en Palestine; qui faisoit parcourir à ces preux une grande étendue de pays, donnant par fois la chasse aux brigands; plus souvent cherchant les aventures et les dangers pour le seul plaisir de les affronter et de se battre: brûlans de la plus pure passion pour leurs belles, parés de leurs couleurs, on les voyoit se rendre à des joûtes ou tournois, jeux cruels, qui n'étoient que des combats plus périlleux encore, où le vaincu étoit condamné à porter aux pieds de la belle de son vainqueur, l'aveu humiliant de sa défaite, et celui de la supériorité de ses charmes sur toutes les autres beautés.....

Je ne m'arrêterai pas plus long-temps sur

cette époque qu'on peut appeler les temps *héroïques* de notre histoire, et dont l'esprit, les habitudes et les mœurs retracées ont donné naissance à cette espèce d'ouvrages particuliers que nous avons nommé *Romans de Chevalerie*. J'observerai seulement combien dût s'accroître alors l'empire des femmes; combien elles influoient sur toutes les déterminations de cette classe d'hommes qui composoit la *nation entière* (1), puisque tout le reste étoit enseveli dans l'esclavage; combien elles dirigeoient les actions, les sentimens, la volonté et la pensée de ces hommes forts, qui, par état, par serment, par principe de religion et d'honneur, les protégeoient et les respectoient; auxquels la beauté se livroit sans défiance, s'abandonnoit sans éprouver un regret, dont la passion se nourrissoit de privations, de sacrifices; qui souvent, vainqueurs de leurs égaux, mais toujours victorieux d'eux-mêmes, ne firent jamais repentir l'innocence et la foiblesse de s'être confiées à la valeur et à la force! Combien elles maîtrisoient ces hommes pour qui combattre étoit le seul métier, aimer la seule passion, et qui, fortifiant, épurant ces deux besoins l'un par l'autre, regardoient

(1) *Gentils hommes*, gentilshommes.

la gloire comme le seul moyen d'inspirer de l'amour, et l'amour comme le plus puissant motif pour acquérir de la gloire !

Diverses circonstances qu'il est hors de mon sujet de spécifier, et qui d'ailleurs sont bien connues, contribuèrent à diminuer la puissance de la noblesse. Les croisades et les dépenses qu'elles entraînèrent, en l'obligeant à vendre aux communes une partie de sa souveraineté ; les progrès de la civilisation, en créant de nouveaux besoins de luxe ; la politique habile et cruelle de Louis XI, de Richelieu, en abaissant les pouvoirs des seigneurs ; l'éclat, le brillant et la majesté de Louis XIV, en attirant les nobles auprès du trône comme auprès du centre de la faveur et des grâces, n'en firent plus que des courtisans. Enfin, cette noblesse, à l'époque de notre révolution, étoit réduite au point de n'avoir plus, au lieu de pouvoirs, que des priviléges. Dépouillée de sa force, il ne lui resta plus que l'orgueil, qui naît des souvenirs. Elle se trouva entre le peuple et le trône, avec la prétention d'être un des plus puissans appuis de ce dernier, mais n'offrant, dans la réalité, comparée au reste des sujets, que l'odieux d'une exception dans les moyens pour contribuer à le soutenir,

Les uns attachés à la couronne par habitude, par instinct plutôt que par raisonnement et par principes; quelques-uns indécis s'il ne leur convenoit pas de la voir humiliée, sinon abattue. D'autres plus sages, qui, voyant la puissance s'échapper de leurs mains, vouloient se composer, comme grands propriétaires, une magistrature héréditaire qui les mît à l'abri de l'invasion du trône et des atteintes du peuple... Telle étoit la noblesse, à l'époque de la révolution, bien différente, comme on voit, de ce qu'elle fut autre fois (1).

Mais les changemens qu'elle éprouva furent en France l'ouvrage de plusieurs siècles; et la plupart des pays de l'Europe sont encore gouvernés par ce systême. Cependant chez les nations les plus assujetties au régime féodal, il n'en est aucune chez laquelle il n'ait reçu quelque altération. Par exemple, les ordres de chevalerie n'existent à peu près que de nom. La découverte de la poudre à canon a nécessité une nouvelle tactique; les soins que prirent eux-mêmes les suzerains puissans, d'exercer

(1) Montesquieu, par sa célébrité, a accrédité une grande erreur, en établissant comme fondamentale et sans distinction qu'il ne peut point exister de monarchie sans noblesse. Il eût été raisonnable s'il eût voulu parler de cette

la justice, de purger les chemins, de rendre les communications plus libres et plus sûres, dispensèrent peu à peu ces nobles vassaux d'un service pour lequel ils s'étoient formés en sociétés militaires. Si quelques ordres ont survécu, ils existent sans fonctions et uniquement pour se partager de gros revenus dans les pays où on ne les en a pas dépouillés : il faut en excepter celui de Malte, qui, placé sur un rocher, au milieu d'une mer infestée de pirates, fait à peu près le même service pour lequel il fut institué ; il deviendroit également inutile, si la politique des grandes puissances maritimes ne leur persuadoit qu'il est de leur intérêt de laisser subsister les brigands de la Méditerranée.

L'esprit, le langage et les habitudes de ces

---

noblesse féodale telle qu'elle fut à une certaine époque de la monarchie, et dont l'autorité, graduée depuis le dernier vassal jusqu'au roi, répondoit de la stabilité du tout. Les écrits des nobles émigrés qui nous sont parvenus me paroissent bien plus conséquens, lorsqu'ils établissent la véritable constitution française sur ses premiers fondemens, c'est-à-dire, sur l'hiérarchie féodale. Il faut, il est vrai, nous faire rétrograder de plusieurs siècles, et l'entreprise nous paroit difficile ; mais elle est fondée en raison et en principes, car, reporter les Français à l'état où ils étoient seulement à l'époque de la révolution, ce seroit s'en préparer une nouvelle.

associations se sont conservés plus ou moins soigneusement, dans les divers pays de l'Europe. L'Espagne est celui peut-être où survécurent le plus long-temps les motifs qui avoient déterminé leur institution. On sait que Michel Cervantes, en faisant la plus ingénieuse critique des mœurs chevaleresques, nous a laissé, non-seulement un des meilleurs romans qui existent, mais qu'il a produit un des plus utiles ouvrages pour son siècle et pour sa nation.

Malgré la décadence du systême féodal, l'empire des femmes ne se maintint pas moins dans toute sa puissance, quoique par une autre application de leurs moyens. Ces paladins, pour être sans fonctions, sans pouvoirs, et réduits à des armes qui rendoient l'emploi de l'audace et de la force moins nécessaire que celui de l'obéissance et de la soumission, n'en furent pas moins amoureux ou galans, ne continuèrent pas moins à sentir la passion, ou au moins à en parler le langage. Seulement les deux sexes plus rapprochés, ayant plus de loisirs, plus de liberté, moins d'obstacles, n'éprouvant plus cette contrainte heureuse qui exigeoit les privations, et qui les rendoit faciles ou possibles, se corrompirent l'un par l'autre. Le plus foible eut moins besoin de protection et de défense, et le plus fort devint moins généreux, depuis qu'il fut moins nécessaire. Le plus foible continua à dominer ; mais au lieu qu'auparavant il maîtrisoit, en commandant des sacrifices, maintenant il exerça son empire par les sacrifices mêmes auxquels il avoit consenti. Le premier empire honoroit tout à la fois, et celui qui l'exerçoit en maître, et celui qui s'y soumettoit en esclave : celui-ci les dégrada tous deux ; le plus foible fut séduit, et l'autre fut corrupteur. Plus l'un sembla perdre de sa force, de son pouvoir, plus il perdit de sa vertu, et l'autre de son innocence. Mais les expressions et les formes restèrent les mêmes ; et de-là, ce langage respectueux, ces formes obséquieuses et serviles, qui, contrastant avec la conduite de celui qui l'emploie, et souvent le peu d'estime réelle qu'on a pour celle à qui on l'adresse, composèrent ce misérable jargon de galanterie, usité jusqu'à nos jours. Les femmes, il faut le dire, retardèrent, autant qu'il fut en elles, la chûte de leur premier empire, fondé sur les illusions d'un amour vertueux ; même après l'époque où elles furent entraînées avec ces hommes à la cour des rois, on les vit, pour me servir de l'expression heureuse de l'une d'elles, différer le plus possible le moment d'*abdiquer*. Les titres qui constatent leur défense, se trouvent consignés dans ces ouvrages destinés principalement à retracer les mœurs, et sur-tout celles des femmes; je veux parler des romans. Ceux de mademoiselle Scudéri, *Clélie*, *Artamène*, les *Conversations* et *Entretiens* du même auteur, qu'on croyoit devoir lire pour se former aux belles manières, et les ouvrages de théâtre en tout genre, qui se bornoient exclusivement à peindre les traverses d'un amour plus ou moins malheureux, donneront une idée de cette espèce d'occupation exclusive où l'on étoit des femmes, et des efforts qu'elles faisoient pour perpétuer leur puissance, par les illusions d'une passion vertueuse et pure, sur-tout si l'on mesure leur résistance à la longueur des ouvrages consacrés à la constater.

Le règne des *grands sentimens* fit bientôt place à celui de la galanterie, des beaux jours de Louis XIV. Contrainte par la dévotion, celle-ci dégénéra en hypocrisie, sur la fin de la vie de ce roi; en une licence effrénée, sous le régent; et en libertinage scandaleux, sous Louis XV. A toutes ces époques, on vit les femmes dominer à la cour; et de-là de proche en proche, à la ville et dans les provinces.

Elles

Elles influèrent d'abord sur le choix et la nomination aux grandes places, et bientôt leur hardiesse et leur audace croissant avec la dépravation des mœurs, elles réussirent à tout ce qu'elles osèrent; elles dirigèrent toutes les déterminations, et disposèrent despotiquement des plus petits emplois. On ne parvint que par elles, et l'avilissement des hommes fût d'autant plus général, qu'il atteignoit, et ceux qui parvenoient à la faveur, et ceux qui la briguoient; qu'il amena, et les inconvéniens des mauvais choix, et l'impossibilité d'en faire de bons.

Le dernier règne vous est présent. Je me bornerai à rappeler à combien de maux fut livré un pays où les lois fondamentales sembloient n'avoir exclus les femmes du trône, que pour les y faire régner avec plus d'empire; où l'on sembloit conserver la lettre de la loi pour la violer plus ouvertement en effet. A Dieu ne plaise que je veuille insulter aux morts! mais les individus placés si près des rois, leur vie, leur morale, leurs actions leur appartiennent bien moins à eux-mêmes, qu'ils n'appartiennent à l'histoire et aux peuples qu'ils ont gouvernés; et en les citant aujourd'hui à l'appui de mon sujet, je ne serai point accusé, je l'espère, de prévention ou de lâcheté. Je sais que le malheur a des titres sacrés ; et celle qui expia sa puissance, et qui, précipitée du trône, réclame l'obscurité de la tombe, a peut-être le droit de faire oublier qu'elle l'occupa tout entier.....

Les mœurs, il faut le dire, parurent s'améliorer, quelles que fussent celles de la cour, parce que celle-ci perdit de son influence. Comme les lumières étoient plus généralement répandues; que les grandes fortunes de la finance avoient porté un grand nombre de familles anciennes à se *mésallier* (je conserve le mot); que les besoins de l'Etat avoient forcé à vendre les priviléges de la noblesse, il y eut plus de rapprochement entre toutes les classes; et ces circonstances ne tardèrent pas à diminuer ce respect pour les individus, qui tient à l'éloignement ou à la distance. On commença à avoir, à la ville, une opinion différente de celle du maître ou de ceux qui l'entouroient; cependant les femmes continuèrent, ou à la diriger, ou à influer, et les mœurs générales y gagnèrent. On ne rougit plus de se livrer aux soins de la maternité ; la plupart nourrirent, élevèrent leurs enfans ; c'étoit déjà un premier pas vers les occupations domestiques. Ce changement est dû à la lecture des ouvrages de l'éloquent Genevois et de quelques autres auteurs étrangers ; les romans, dont on n'apprécie pas, ce me semble, assez l'influence ; ces tableaux véridiques, qui, sous des noms et des aventures fabuleuses, peignent avec plus de vérité les mœurs de tout un peuple, que l'histoire, sous des noms vrais et des faits réels, ne nous trace les sentimens et la conduite de quelques hommes ; les romans, imaginés peut-être pour consoler des mensonges, ou de l'oubli de celle-ci, ou pour être l'histoire des individus dont celle-ci ne parle jamais ; les romans des nations voisines nous apprirent que les mœurs y étoient plus pures ; ils furent traduits dans notre langue, imités, et amenèrent des changemens heureux.

Mais pourquoi les mœurs sont elles plus pures chez ces peuples ? pourquoi ces nations voisines, dont les unes avoient, comme nous, et des rois et des cours nombreuses ; d'autres vivoient sous le despotisme de quelques-uns ; d'autres ont su se composer des débris de la féodalité un gouvernement adapté à leurs circonstances ; pourquoi, dis-je, ces mêmes peuples qui ont avec nous une origine commune, qui tous ont eu à essuyer comme nous la tyrannie du féodalisme ou qui l'éprouvent encore ; qui tous ont eu leur époque d'héroisme chevaleresque où le beau sexe dominoit par-tout; pourquoi de tous ces peuples sommes-nous les seuls chez lesquels l'autorité et l'influence des femmes se soit conservée avec tant d'empire à travers toutes les révolutions? Pourquoi cette influence, dégénérant en habitude, a-t-elle été poussée au point de donner à celles du premier rang cet air d'assurance, et disons-le, de hardiesse et d'audace que nous étions les seuls à ne pas apercevoir, mais qui frappa toujours les étrangers?.....

Tout se tient dans la chaîne des effets politiques, et les causes les plus indifférentes et les plus légères en apparence amènent, sans qu'on s'en doute, les plus terribles résultats; c'est cette audace, n'en doutez point, qui gagnant les femmes de la dernière classe, et n'étant comprimée chez elles, ni par l'éducation, ni par les lumières, donna à un sexe, par sa nature le plus doux, le plus timide et le plus modeste, avec la certitude de l'impunité, l'habitude des provocations, de l'insulte, de l'injure; qui parvint à endurcir, à aigrir et le caractère et la voix, et le sentiment et le courage; qui leur donna ce ton rude, grossier et brutal, qu'on diroit tenir plutôt de l'autre sexe, si l'on ne craignoit de l'outrager, et fut si souvent l'expression d'une ame féroce. Si vous en doutez, rappelez-vous quels furent aux époques malheureuses de la révolution, les acteurs de ces scènes de cannibales, les plus affreuses dont notre histoire aye encore vu ses pages ensanglantées....des femmes...

La véritable cause de cette différence dans les mœurs, dans les formes, la conduite et les principes des femmes en France, comparées à celles des autres peuples, tient aux défauts de notre ancienne constitution de la famille, telle qu'elle étoit adoptée dans une grande partie de la France ; la plus vicieuse de toutes les organisations domestiques, si elle n'avoit été surpassée par l'organisation nouvelle, qui a, comme je le démontrerai, décuplé les maux de l'ancienne, et les a étendus sur la France entière.

En effet, la loi ne laissoit là aucune autorité à l'homme, ni comme époux ni comme père. La capitale et la cour se trouvoient placées au milieu de cette portion du royaume, régie par un amas de *coutumes* bizarres, incohérentes, qui contrarioient à la fois et la raison et la nature ; et comme de mauvaises mœurs, viennent toujours à l'appui de mauvaises lois, les vices y furent d'abord impunis, ensuite payés, encouragés, protégés : tout s'obtenoit par les femmes ; celles-ci commençoient par se vendre pour acheter le silence de leurs époux ; liguées entre elles pour soutenir leur puissance, et mieux encore avec les hommes chez qui elles trouvoient des complices tout prêts. Si quelques-uns d'eux, maris difficiles, osoient témoigner quelque sensibilité ou quelque pudeur, par fois l'autorité, mais toujours le ridicule l'atteignoit de ses traits sanglans ; il falloit même, comme les Spartiates qu'on frappoit d'orties, savoir tourner sous le fouet avec grâce et sans se plaindre, et malheur à quiconque pouvoit encore rougir. Ainsi la crainte de l'éclat et du bruit achevoit d'enlever le peu de moyens que la loi laissoit encore ; et pour que le mal fût au plus haut point contagieux, ce n'étoit qu'en faisant partager à d'autres époux l'espèce d'outrage qu'on avoit reçu qu'on parvenoit à s'en soulager. Afin que l'autorité ne fût pas sans cesse obligée de se déployer pour couvrir des crimes si multipliés, des spectacles furent des lieux privilégiés, sans cesse ouverts, où la femme infidèle où la fille séduite fût hors de la puissance d'un père, d'un époux ; la débauche eut des temples pour servir d'asile à ses victimes contre la poursuite de la nature et de l'honneur outragés, comme chez les anciens, l'innocence avoit les autels pour asile contre la débauche ou la fureur. Tout ce qu'on remarqua de différence, c'est que les premiers ne furent jamais violés.

Cette même cause ne pouvoit manquer d'agir sur cette partie de la France, où les bases de l'autorité de père et d'époux, plus puissante et plus respectée, devoit sa force à la nature des lois d'après lesquelles l'organisation domestique étoit établie dans les provinces de *droit écrit*. La contagion de l'exemple qui descendoit de la cour à la ville, et de la ville pénétroit dans les provinces, avoit relâché en partie les liens de l'autorité conjugale, mais jamais au point où nous l'avons vu dans la capitale. L'action de la loi toujours existante, toujours debout, corrigeoit, dans ces provinces, les atteintes répétées des mœurs et de l'exemple; par l'effet des lumières plus répandues, les femmes avoient acquis plus de liberté : mais j'en appelle à tous ceux qui ont connu le Midi de la France, si l'on excepte ou quelques femmes du premier rang qui se croyoient obligées d'imiter celles de la cour, et leurs époux dont quelques-uns avoient jusqu'à la sottise de penser que ces sortes de vices étoient inhérens à leur nature ; qui se glorifioient intérieurement, d'un avilissement qui les assimiloit à des hommes auxquels ils étoient si vains de ressembler ou d'appartenir ; si l'on veut tirer le petit nombre de celles à qui ses dernières servoient de modèle, en général, l'autorité maritale prévint, dans les mœurs, une licence, qui, à raison de la chaleur du climat, eût dégénéré en un affreux débordement.........

Cette influence du sexe en France ne s'est pas bornée aux mœurs, elle a puissamment agi sur les productions du génie. Le siecle de Louis XIV nous offre à la fois, la renaissance des lettres et la direction que les femmes parvinrent à leur imprimer. Bientôt leur empire est tel que les beaux-arts ne s'occupent et ne produisent que pour elles ; aussi prennent-ils de plus en plus le caractère convenable à l'esprit qui les anime et à la nature qui les fait agir. Plus d'élégance que de pureté, plus de fini que de simple, plus de joli que de beau, plus d'agrément que de grandeur. En architecture, on trouve un nouveau genre, inconnu aux peuples anciens ; mais c'est celui des distributions intérieures ; et si l'art brille, c'est bien mieux par la variété de ses décorations, par ses salons et ses boudoirs, que par des édifices publics, ou par des monumens durables.... La sculpture la suit : des ornemens de cabinets, des fleurs, des amours, de petits modèles et des grâces...; en peinture, plus de manière que de correction, plus de coloris que de dessin, plus de draperie que de nu, plus de copie que d'imitation, un goût pour les Bambochades et les flamands, force portraits, la fureur des miniatures, quelques tableaux de chevalets, pas une fresque... En littérature et en poësie, de jolis romans, pas une histoire; des fables, des épîtres, des contes, des vers finis, pas un poëme; des madrigaux, des épigrammes, des couplets, pas une ode; la plupart des chefs-d'œuvres de l'art gâtés d'intrigue et d'amour; et si quelques beaux morceaux d'éloquence ou de poësie nous rappellent la vigueur et la beauté de l'antiquité, on les doit ou à la majesté du sujet sacré hors de leur atteinte, ou au caractère religieux de l'orateur ou du poëte, ou à toute autre cause, qui les plaça hors de l'influence du sexe dominateur.... Enfin cet art nouveau, créé par elles et pour elles, par qui les autres nations sont devenues nos tributaires; l'art dont les autres arts sont tributaires à leur tour ; celui de la parure et des modes, édifice mobile, tableau mouvant varié à l'infini ; décoration fugitive, dont le caprice ou le goût règlent les formes, les proportions ; dont chaque invention employée pour assurer d'abord leur empire autour d'elles, portée aux extrémités de la terre, assure également jusqu'aux lieux les plus éloignés la domination du peuple femme, nouveau peuple roi, qui commande au loin, et prouve l'influence de ses caprices, par l'impuissance même des efforts qu'on fait pour les imiter.... Tout cela ne prouve-t-il pas l'empire du sexe, tel qu'il n'a jamais existé chez aucune nation connue ? Sans avoir besoin de citer aucun peuple en particulier, j'en appelle à tous ceux qui ont voyagé dans les divers paysde l'Europe, ou qui en connoissent les mœurs par des relations fidèles..... En veut-on une preuve plus caractéristique? Toutes ces nations n'échangent-elles pas avec nous leurs ajustemens et leurs modes? et n'est-ce pas de la France exclusivement que partent ces modèles, qui doivent aller porter le goût de Paris aux extrémités de l'Europe...? Dira-t-on que les Françaises ont infiniment de goût? Personne n'est tenté de le nier ; mais a-t-on pu penser que les femmes, que la nature doua également par-tout de beauté, d'agrémens, du désir des moyens de plaire et de l'art de relever leurs charmes; les Anglaises, les Italiennes, reconnussent chez les femmes de notre nation cette supériorité de goût, si celle-ci n'étoit réellement acquise en France par plus de culture? Ne voit-on pas que, par une suite de nos mœurs, les Françaises ont été plus à même de se montrer, de paroître et de faire corps, pour ainsi dire; qu'ainsi elles ont dû nécessairement agir avec plus de liaison et d'ensemble? que cette action simultanée, on ne pouvoit nullement l'attendre des femmes des autres peuples, qui, presque uniquement livrées à leurs occupations domestiques, plus isolées, et n'ayant pas les mêmes moyens de communication que les nôtres, n'ont pu acquérir ce degré d'importance qu'elles ont obtenu parmi nous?

Je suis loin de blâmer cette suprématie en fait de goût, qui leur donne des jouissances dignes d'elles, et qui présente une nouvelle branche à l'industrie et au commerce; j'ai voulu seulement prouver que cette supériorité même étoit un des effets du système d'influence qu'elles exercent depuis si long-temps. Si j'ai cherché tout à la fois à peindre les mœurs des femmes et à présenter le côté foible des productions du génie, j'ai bien moins eu pour objet d'en faire la critique, que de faire voir qu'il étoit également un effet de cette même influence du sexe, et que celle-ci étoit elle-même le produit du vice de nos lois domestiques dans les *provinces de droit coutumier*.

Veut-on voir de nouveaux résultats de leur action et de leur puissance, qu'on examine la cour à l'époque de la révolution. Peut-on ne pas reconnoître à chaque événement l'influence d'un sexe qui avoit déjà donné à l'autre et sa vivacité et sa mobilité, et son inconstance et son allure? Peut-on assigner d'autre cause de la conduite incohérente, incertaine, inconséquente qu'on lui a vu tenir? Nul secret et nul plan, ce qui donnoit à chacun le droit de donner le sien; impuissance d'agir égale à l'impuissance de se taire; l'intrigue à la place de la fermeté, nulle connoissance des hommes et des choses; des hommes, on les croyoit tous semblables à ceux dont on avoit été toujours environnés; des événemens, on ne connoissoit que ceux qu'on avoit dirigés soi-même; au lieu de cette pénétration calme et profonde, de cette sagacité qui, démêlant ce que le mouvement avoit de factieux, d'avec ce qu'il avoit réellement de populaire, pour réprimer le premier et céder au second, l'inhabilité, qui les confondant, fait résister à l'un et à l'autre, ou la foiblesse qui fait également céder à tous les deux; au lieu de la politique éclairée qui compose avec bonne foi, la fausseté qui paroît tout abandonner, et la vanité qui ne cède rien; le mépris pour ses ennemis; la nature des armes employées à les combattre, celles du sarcasme et du ridicule, les seules dont on avoit l'habitude, excellentes entre gens qui se servent des mêmes, mais qui ne faisoient qu'irriter des hommes armés de massue; l'imprudence qui fait chercher des secours au loin; le parti de la fuite embrassé comme un moyen, et qui n'annonce que l'impuissance d'en trouver.... Enfin, j'en appelle au témoignage de tout homme impartial; a-t-on vu de révolution nécessiter plus de talens de la part de ceux contre qui elle étoit dirigée, et en développer moins...? Nul d'entre eux n'ayant ni l'énergie de la vertu, ni même celle du crime; des ministres sans art, sans politique, sans ressources; des militaires sans vigueur; des nobles sans courage, et, comme l'a dit un poëte italien, qui les a vus à cette époque, des prêtres sans poison (1).

---

(1) *Preti senza veleno.* (Alberi).

Mais c'est trop long-temps s'arrêter sur des événemens dans la peinture desquels les principaux acteurs nous accuseront de partialité ou de prévention ; c'est à la postérité à les apprécier ; il nous suffit d'avoir fait tout ce qui étoit en nous pour juger comme elle. Notre intention, en traçant cette courte esquisse, a été uniquement de prouver, que si la raison et la nature veulent que le gouvernement de la famille soit essentiellement monarchique, et que l'homme soit appelé à en occuper le trône, dans tout Etat où cette forme de gouvernement domestique est renversée, il y a également subversion de l'ordre social, puisqu'il y a subversion dans l'élément même de la société. Nous avons voulu prouver que l'altération portée à ce gouvernement naturel par le trop grand empire qu'on avoit laissé prendre aux femmes jusqu'à l'époque de la révolution, avoit amené la dégradation des hommes, le défaut d'énergie, etc., non seulement de ceux qui occupoient le trône, mais de ceux placés autour du trône, parce qu'ils vivoient plus particulièrement sous l'influence des lois féodales, dans ces provinces de *droit coutumier*, où, par conséquent, l'atteinte portée à l'autorite domestique étoit générale.

Il nous reste à tracer l'histoire des changemens opérés depuis, dans l'organisation de la famille; à faire connoître à la fois l'esprit, les motifs, et sur-tout les vices de ces changemens; et à en tirer des inductions et des conséquences qui pourront nous éclairer sur les meilleures lois à adopter pour sa constitution.

CHAPITRE III.

Des Femmes et de nos Lois domestiques, depuis la Révolution.

IL étoit naturel que des hommes fortement frappés des maux d'un gouvernement qu'ils vouloient détruire, cherchassent à le poursuivre par-tout, à en effacer jusqu'aux moindres traces. Violemment affectés des vices de la féodalité et de la monarchie, des castes et des distinctions, des corporations et des classes, ils abattirent tout ce qui pouvoit en rappeler l'image, en retracer le souvenir. L'égalité fut le premier besoin, la première vertu; la liberté ne fut que la seconde; on sacrifia tant de fois celle-ci au maintien de l'autre, qu'on s'aperçut bientôt que la liberté n'étoit qu'un moyen, une divinité complaisante et commode, inventée pour les plaisirs ou le culte de la divinité favorite. Qu'on juge de l'effet qu'elle devoient produire, alors que toutes deux pouvoient concourir à l'envi, à quelque destruction nouvelle, et à quelque établissement nouveau; et l'occasion de concourir simultanément

simultanément se présenta bientôt dans l'organisation de la famille.

Un ancien préjugé, ou plutôt une vieille locution sembloit avoir établi depuis long-temps des rapports de ressemblance entre les fonctions de père et celles de roi; et quoique rien ne se ressemble moins en effet, le gouvernement d'un bon monarque, aimé et chéri de ses sujets, étoit comparé à celui d'un père entouré de sa nombreuse famille, tout comme un père respecté passoit pour le roi de la sienne. Sans vouloir apprécier la ressemblance qu'on pouvoit trouver entre un homme à qui le hasard donne l'emploi de commander à des milliers d'autres avec lesquels il n'a aucune liaison, et celui qui tient cette autorité de la nature même, et qui a vu naître ses sujets, comparativement peu nombreux, qui les a tous élevés et nourris; quoiqu'il ne fût pas aisé d'expliquer autrement que par le vague du style figuré ce qu'il y a de patriarchal dans l'autorité royale; quoique même par les faits historiques, il paroisse prouvé que les premiers hommes qui ont réussi à diriger leurs semblables dans une entreprise importante quelconque, ayent été les premiers créés chefs, conducteurs, ducs ou rois, et fourni les premiers modèles d'une autorité qui sera devenue ensuite héréditaire ; quoiqu'il en soit, dis-je, il n'est pas moins vrai que l'opinion commune, le langage irréfléchi de l'habitude, ou de la flatterie, avoient sanctionné quelques lois d'analogie entre deux êtres très-différens, le père et le roi (1).

Quoiqu'il en soit de l'incohérence et de l'absurdité de cette analogie, elle ne contribua pas moins à faire établir l'égalité entre les divers membres de la petite société ; on pensa que puisqu'on détruisoit la monarchie dans l'Etat, il falloit la détruire aussi dans la famille, et cependant, le seul moyen peut-être de fonder solidement la république en France et d'en proscrire la royauté, est d'établir une espèce de monarque dans chacune.

La religion, qui, chez tous les peuples, se lie plus ou moins aux actes importans de la vie humaine ; la religion, pour rendre à la fois le mariage plus solemnel et plus respecté, recevoit les sermens des deux époux, et faisant intervenir le ciel dans le plus saint des con-

(1) Cependant il est à remarquer qu'un des hommes les plus savans, et qui, à une vaste érudition, joignoit le talent de la critique, Paw, a prétendu que, dans aucune langue, le titre de *roi* n'exprima jamais la même idée que celle de *père*.

trats, en rendoit les nœuds aussi sacrés qu'indissolubles. Ce n'est pas ici le lieu d'examiner s'il est important de prêter à l'ignorance, à la prévention ou à la foiblesse, l'utile appui d'une puissance surnaturelle ; s'il ne convenoit pas de racheter, par quelques inconvéniens, la certitude pour la femme, d'un asile contre ses écarts, ses passions et les dégoûts de la vieillesse ; de prémunir l'homme contre les mêmes maux, de lui assurer les mêmes biens, sur-tout le respect de sa famille, et aux enfans, une fortune, l'amour maternel et un père. C'est à la sagesse de nos législateurs à décider ces doutes, et à fixer jusqu'à quel point, et dans quelles circonstances, il eût fallu adoucir la rigueur d'un engagement irrévocable.... Des peuples qui suivent la même croyance que nous, ont admis chez eux le divorce ; et soit que la barrière religieuse existe encore, même après qu'elle a été levée, ou que la pureté des mœurs défende le plus respectable des liens, rien n'est si rare que le divorce, dans les pays où il est permis. Presque par-tout, en Angleterre, en Suisse, dans les Etats-Unis, la société se fait justice elle-même, et flétrit dans l'opinion l'homme ou la femme qui ont légèrement profité de la tolérance de la loi. On sait que le divorce, chez les Hébreux, étoit entouré de tant de difficultés, exigeoit des formules si multipliées et si minutieuses, qu'il laissoit tout le temps au repentir; on supposoit du moins, dans les individus qui vouloient ainsi se soustraire au joug du mariage, une détermination motivée, réfléchie et soutenue.

Au lieu de ces entraves bienfaisantes que la sage prévoyance avoit mises pour modérer les mouvemens précipités de la passion, ou les arrêter même; au lieu de ces utiles barrières que la prudence plaça sur le chemin, pour prévenir les écarts de la foiblesse ou de l'erreur, le mariage, d'abord considéré par nous comme un simple contrat civil, fut dépouillé de son voile religieux, et fut tiré de l'arche sacrée où il reposoit depuis si long-temps.

Après l'avoir considéré comme un simple marché, il falloit convenir de l'égalité des parties intéressées; quoique rien ne soit aussi faux que le principe, il entraîna des conséquences plus absurdes encore; premièrement, celle de faciliter la rupture du contrat, par le consentement des deux parties, secondement d'en permettre la provocation de la part du sexe le plus foible; et la femme parvint bientôt à répudier son époux.

C'est au flambeau de l'analyse qu'on a cru

découvrir les principes d'après lesquels on rendit de pareilles lois. Eh bien ! le nouveau code à la main, pénétrez dans l'intérieur de ces familles désolées ; voyez cette couche nuptiale, depuis quelques jours elle fut arrosée de pleurs ; cette nuit elle est baignée de sang. C'est un époux au désespoir qui doit être abandonné demain de cette femme qu'il adore : il a voulu périr à côté de celle avec laquelle il est condamné à ne plus vivre..... Ici la sombre jalousie dirige le bras d'un furieux qu'on va délaisser : « Un autre du moins ne jouira pas de » l'infidelle, » et il la poignarde avant de se percer le sein...... Et ne croyez pas qu'on veuille vous prendre à l'illusion d'un tableau mensonger ; ces traits sont aussi vrais, ces événemens sont aussi réels que déchirans...... La loi, à peine en vigueur, a déjà produit ces terribles effets. Mais examine quelques-uns des anneaux de cette longue chaîne de maux dont elle doit envelopper la génération actuelle ! Vois cette jeune insensée à qui tu permis de faire un nouvel époux, d'un nouvel amant ! Quelques mois à peine se sont écoulés, ce terme a suffi pour détruire le charme, et la livrer pour jamais aux repentirs, aux larmes, aux remords... C'est en maudissant la funeste liberté que tu laissas à son imprévoyance, qu'elle pleure, et sur les nœuds qu'elle a formés, et sur les nœuds qu'elle rompit. . . . . Sacrifices, amour mutuel, beauté, jeunesse, trésor précieux de doux souvenirs dont la bienfaisante nature voulut enrichir la vieillesse de deux époux, et qui, rappelant le bonheur, leur tenez lieu de bonheur même! plaisirs partagés, périls communs qu'on aime à se raconter, arrivés au port de la vie, et dont le tableau fut laissé à nos vieux jours pour en adoucir l'amertume! témoignages réciproques de deux êtres vertueux qui se sont vu vivre, et qui doivent se servir de consolation et d'appui, au moment de se voir finir! un instant d'erreur ou de foiblesse a tout détruit pour elle. . . . . . Malheureuse! . . . . au respect, à l'attachement de qui peut-elle prétendre! Elle a perdu l'estime de son premier époux; elle n'obtint jamais celle du second : tourmentée alors, et de la perte de ses charmes, et de l'abus qu'elle en a fait, elle enviera, mais en vain, la solitude du célibat et le délaissement de la stérilité; son plus grand supplice sera d'avoir été mère. . . . . En effet, qu'elle tienne séparés, ou qu'elle élève ensemble les enfans de ses deux maris, le cœur déchiré dans sa tendresse pour eux, ce qu'elle rend de soins à ceux-ci paroîtra un vol, une injustice faite à ceux-là. Quels seront les rapports et les liens de cette étrange famille ? quels seront les noms par lesquels on les désignera ? Frères, dira-t-on... mais à coup sûr ennemis, ils hériteront également de leur mère, mais plus certainement encore de la haine de chacun de leurs pères entre eux, et de leur mépris pour elle. Que sera-ce donc, si, pour s'étourdir sur les maux que lui causent ces deux familles, elle s'en donne une autre avec un troisième époux;... si chacun des hommes qu'elle aura quittés, a fait à son tour choix d'une autre femme,... et si, perpétuant, au nom de la loi, un nom flétri dès leur naissance, et semant autour de lui des êtres odieux entre eux, tout au moins indifférens à qui leur donna le jour, ils parviennent à rendre le crime et le malheur contagieux pour qui les environne ?.... Tu connois la famille de Laïus, et tu t'attendris aux maux imaginaires d'Œdipe et de Jocaste ! Tu frémis des horreurs qui suivirent la haine d'Etéocle et de Polynice ! Eh bien ! tu peuplas la France de pareilles familles, de pareils forfaits, de pareils frères ; et ne crois pas que ce soit le reproche vain, la fausse application d'une comparaison exagérée. Sais-tu quel est le trait de ressemblance qui manquera à ces nouveaux *frères ennemis*, comparés aux anciens ? c'est la tendresse d'Antigone.... L'inceste, dont l'horreur produisit tant de crimes, l'inceste même, qui t'a dit qu'on ne le verroit pas se renouveler parmi nous ? Ne sait-on pas que, pour la plupart de ces êtres dégradés, sans frein comme sans fortune, la faculté de rompre un premier hymen, n'est que le moyen d'en former un second, un troisième, et d'en abandonner successivement les fruits ?... Ne sont-ce pas autant de Laïus exposant leurs fils ? Qui t'a dit que, toujours veuve sans perdre d'époux, et changeant de mari comme elle changeoit autrefois d'amant, la mère ne donnera pas au père un successeur dans son fils, et que la nouvelle Jocaste ne trouvera pas un Œdipe ?... Ah ! ce n'est pas du moins à lui à s'arracher les yeux ! Ce n'est pas à elle à s'étrangler de ses propres mains ! C'est à toi, à toi seul qui fus coupable ! C'est toi, homme foible, ignorant ou présomptueux, qui, croyant que sans peine on devinoit l'énigme des lois, as pensé si légèrement pouvoir délivrer les Thébains de tous maux ! Tu ne doutes pas d'avoir interprêté les mystérieuses paroles du Sphynx, ... et cependant la peste redouble dans Thèbes désolée....

Et vous qui vous vantez avec complaisance d'avoir banni les préjugés de la république, orgueilleux insensés ! que seroit-ce de la France entière, si vous aviez complètement réussi ? si ces préjugés, encore en vigueur, n'avoient soutenu ce que vous cherchez à abattre ? Quel contrat eût résisté à cette facilité destructive que vous offriez à chacun des intéressés ? Quel est celui qui, n'apercevant dans un lien qu'on lui avoit jusques-là peint comme sacré, qu'un simple marché qu'on pouvoit rompre ou tenir à son gré, ne se fût pas trouvé lésé dans les conditions, et n'eût pas été empressé d'en faire un plus avantageux, qu'il eût rompu à son tour pour en essayer un autre, et pour n'éprouver que les regrets à la fois et le besoin du changement ? Je vous le demande ; les maux qui accableront les malheureuses familles dont nous venons de parler, tous ces maux ne les auroient-ils pas désolées toutes ? . . . O vous, qui si légèrement vous présentez pour faire ou ou pour approuver des lois ! vous qui, comme Alexandre, pensez que l'oracle regarde également celui qui coupe le nœud ou celui qui le délie, croyez que ces inextricables et antiques liens qui tiennent les peuples avec tant d'artifice sous un joug souvent utile, veulent être traités avec plus de ménagement, et dénoués au lieu d'être tranchés ! Croyez qu'il est des opinions, des préjugés même qui sont pour les nations, les enfans de l'habitude ou de la nécessité, quoique le raisonnement, qui n'est pas toujours la raison, n'ait pas plus présidé à leur formation qu'à celle des langues..... Peut-être, chez le peuple le plus léger, le plus mobile, le plus capable à la fois de promptitude dans la résolution et dans le repentir, falloit-il, lorsqu'il s'agissoit du plus important des traités, lui ôter la faculté de pouvoir jamais les rompre. Peut-être falloit-il l'intervention du ciel pour donner de la fixité à l'engagement dont la durée devoit faire le bonheur de la terre. Peut-être la faculté de le dissoudre pouvoit-elle être uniquement laissée, sans crainte qu'ils en abusassent, à ces peuples sages, constans, réfléchis, tranquilles, chez lesquels, comme l'a dit un poëte (1), « la Patience sur » un tombeau sourit à la Peine. »

Mais la France n'attend que de sages lois de ses nouveaux législateurs, et elle ne sera point trompée : mais le caractère national, est à coup

(1) Shakespeare.

sûr renforcé : mais la faculté du divorce qui a eu de terribles suites, contenue maintenant dans de justes bornes, sera utile aujourd'hui. Les premiers se convaincront que l'empire des femmes, avant la révolution, dû au vice des lois domestiques, dans les *pays coutumiers* sur-tout, avoit contribué plus que toute autre cause, à altérer, à affoiblir, à dégrader le caractère national ; mais que, si la révolution est venue nous rendre notre énergie, nous la perdrions entièrement, en laissant subsister ces mêmes lois, et à plus forte raison, si nous renforcions le vice de celles sur le mariage, en laissant par le divorce, la facilité de le rompre ; en appliquant sur-tout les lois de l'égalité à ce contrat entre deux parties que la nature s'est plu à former inégales entre elles, et qui ne peut subsister que par des clauses qui, maintenant les vrais rapports, supposeront la force dans l'une, et le besoin d'appui dans l'autre. Ils verront que des conditions qui présenteront sans cesse ce besoin de la part de la femme, et de la part de l'homme la faculté de protéger et d'appuyer, maintiendront à chacun des deux leurs qualités relatives ; ils se convaincront sur-tout que si nous avons perdu nos mœurs par les premières lois féodales appliquées au mariage, nous perdrions la société entière, nous renverserions sur-tout le gouvernement existant et la république, en établissant cette parité de droits entre deux époux; que rien n'est plus inconséquent que de nous rapprocher des Romains par le gouvernement ou par la liberté, et de nous faire renoncer à ces lois de famille qui nous restoient des Romains, les seules qui pouvoient s'allier avec la liberté, et nous faire ressembler au modèle.

Ah! citons moins souvent, et ces Brutus, et ces Caton, et ressemblons-leur un peu plus. Les occasions de se déchirer les entrailles ou de sacrifier un fils, sont rares heureusement dans la vie et dans l'histoire : mais vivre en paix, chéris et respectés au milieu de sa famille; mais être assurés, en y rentrant, d'y trouver une femme douce et fidelle, des enfans sages et soumis, des serviteurs respectueux et dociles, c'est ce qu'il nous importe de nous assurer, de nous procurer, et c'est à quoi nous ne parviendrons jamais, si nous ne nous occupons de donner une autre organisation à la famille, et, comme nous l'avons vu, si nous ne suivons, dans les lois relatives aux femmes, les différences que la nature a voulu établir entre les deux moitiés de l'espèce humaine.

Après avoir peint les maux produits par la trop grande influence que nous avons laissé prendre au sexe, on me demandera sans doute quel moyen il faut employer pour prévenir le retour de pareils désordres. Il n'est aucune femme qui ne se croie en droit d'interpeller l'homme qu'elle qualifiera de réformateur, de déclarer sous quelle sévère discipline il entend faire vivre la plus belle moitié de l'espèce humaine. Déterminée d'avance à ne pas s'y soumettre, elle ne s'enquerra pas moins, avec le sourire amer de l'ironie, jusqu'où doit aller la puissance de l'*époux sultan*, du *mari monarque*, et jusqu'où la servile obéissance de la femme assujettie ?... Prétend-on les condamner également, et au plus vil esclavage, et à la plus parfaite ignorance ?....

J'ai dû m'attendre à cette injustice, à ces injurieux soupçons ; mais ils ne pèseront pas plus long-temps sur moi, et il m'est aussi aisé de les dissiper, que d'y répondre. Vous voulez savoir quel nouveau code de lois rigoureuses doit déterminer les rapports qui existent de mari à femme ? eh bien ! je vais vous le dire : *Aucun.*

Non, non, ce n'est point par la sévérité d'une loi directe, ou par des préceptes impératifs que l'on doit vous maintenir sur la ligne des devoirs que vous traça la nature. La nature même et la raison ne veulent pas que vous concouriez avec l'homme à faire des lois, mais la justice ne veut pas que vous vous soumettiez à des lois dirigées contre vous, et auxquelles vous n'aurez pu ni dû concourir. Vous, à qui nous devons notre existence et tout ce qui en fait le charme, vous n'avez à attendre de la reconnoissance de vos époux et de vos fils que des lois bienfaisantes et protectrices. Loin d'avoir à redouter qu'ils abusent de ce droit exclusif contre vous, ils ne s'en serviront que pour vous fournir des armes contre eux-mêmes ; ils vous mettront à l'abri de leurs propres séductions ; ils veilleront à ce que vos intérêts ne soient jamais lésés, même par eux, et conciliant à la fois ceux de votre sentiment et celui de votre fortune, ils vous assureront dans tous les temps, estime de votre époux, respect de vos enfans, et toute l'aisance dont vous serez susceptibles dans l'âge des privations.

Mais fussent-ils tentés d'être injustes, ou ingrats, ils seront trop éclairés pour être impolitiques. Ils savent trop bien que là où le despotisme dirigea la constitution de la famille, où l'homme est tout et la femme rien, là, il n'y a point de famille, là, il n'y a pas même d'hommes; que chez les peuples libres ou une constitution à-peu-près pareille fut autrefois admise, il n'y eut que l'ignorance qui en maintint l'injustice; que celle-ci amena bientôt la dissolution des mœurs dans des pays où la femme n'acheta un peu de liberté qu'à force de corruption, et où afin de compter pour quelque chose, le sexe dût compter beaucoup de vices (1); ils ne mériteront pas le reproche que se faisoient entre eux les différens peuple de la Grèce *de navoir pu réduire en un corps exact de discipline les institutions relatives au sexe*; « et cependant, leur disoit » Aristote, les peuples qui ne savent pas

(1) A Athènes: on sait que les femmes y vivoient dans un état d'assujettissement, de domesticité et presque de servitude; il n'y eut que les courtisannes ou les femmes qui leur ressembloient qui eurent de la célébrité, de l'éclat et de la puissance: on pourroit appliquer ceci aux Romains, qui avoient pris leurs lois d'Athènes, et dont les femmes étoient, dans les premiers jours de la république, une propriété du mari *Res mancipi*. On sait combien cette doctrine s'altéra sous les empereurs, etc.

» gouverner les femmes perdent la moitié de
» leur bonheur. »

Ils savent que les lumières généralement répandues ont amené pour les peuples modernes la douce nécessité de faire du mariage un contrat où chacune des parties apporte des droits et des devoirs communs, des devoirs et des droits particuliers, et que la nature s'étant chargée de les graver de sa propre main, c'est à en étudier les caractères qu'ils doivent s'appliquer avant de vous donner des lois; que si la femme n'est rien sans son époux, celui-ci n'est rien que par elle.

Vous êtes fières et sensibles ; toute autorité injuste vous blesse, tout empire usurpé vous irrite, tout pouvoir tyrannique vous invite à vous y soustraire ; mais vous êtes équitables et éclairées ; ainsi vous devez reconnoître dans toute famille la nécessité d'un seul qui gouverne, et ce chef ne peut être que votre époux. Vous devez sentir que dans la première et la plus importante de ses institutions, ce ne sont pas deux volontés rivales que la nature a prétendu mettre en opposition pour se préparer des chocs et des résistances, mais une seule volonté, composée des deux autres; que dans l'état habituel, ces deux vœux, quoique

quoique distincts, n'en sont qu'un, et qu'on ne peut apercevoir quel est celui qui domine. C'est la chaîne et la trame qui s'entrelassent et se confondent pour former le tissu précieux et durable, sans qu'on puisse déterminer lequel des deux a le plus contribué à le former; que dans les cas de lutte, la nature a dû se décider à faire triompher la force; mais elle a condamné celle-ci a combattre nue, et elle a donné à la foiblesse des armes vraiment enchantées et si puissantes, qu'elles assurent presque toujours la victoire à qui les emploie, et qu'elles cachent au vaincu la honte et jusqu'au sentiment de sa défaite. Telles sont les principales bases sur lesquelles il faut construire les lois qui doivent vous régir; mais il est des moyens auxiliaires très-puissans, qui doivent en rendre l'exécution facile, je ne dis pas seulement pour la génération future, mais même pour celles qui ont vécu sous le régime ou de l'égalité ou de la licence.

Sans doute, si on vous ordonnoit de reconnoître un maître, vous vous révolteriez, et contre l'ordre, et contre ce que vous regarderiez comme une usurpation de puissance; mais si vous voyez tout ce qui vous entoure reconnoître cette puissance dans votre époux; si vous le voyez lui-même, n'être heureux de ce pouvoir que pour en jouir avec vous, ne vous empresserez-vous pas à le doubler en le partageant ?... Vous serez peu tentées d'obéir au précepte qui vous commandera obéissance, respect et soumission à vos maris; mais si tout est soumis, obéissant, respectueux pour eux, voudrez-vous avilir une dignité dont l'éclat rejaillit sur vous-mêmes, et ne pas respecter, à votre tour, le nom que vous portez? Non, sans doute; ainsi vous serez conduites sans cesse à vos devoirs par vos droits, et à vos droits par vos devoirs. C'est par conviction et non par contrainte, par l'exemple plus que par la leçon, par intérêt, par sentiment, que la nature a décidé que vous deviez être gouvernées, et c'est d'après ces principes que doit être dirigé le code qu'on doit faire pour vous, mais sans vous; tout autre prouveroit l'abus de la force, et justifieroit votre révolte; il faut que vous approuviez facilement ce à quoi vous n'avez pu donner votre suffrage; nous n'avons pas le droit d'employer, pour vous enchaîner, d'autres liens que ceux que vous employez avec nous, et l'on sait que sont des liens de fleurs ! Vous voyez que nous voulons bien moins vous faire perdre la place que vous occupez, que faire reprendre la sienne à chaque époux ; que, loin de vous obliger à descendre, il ne faut que le faire monter, et vous convaincre que vous monterez vous-même avec lui.

CHAPITRE IV.

Moyens d'accroître l'autorité de l'Homme, comme Epoux, comme Père, comme Maître.

LE plus grand de tous les moyens à employer pour réhabiliter l'homme, pour réparer les torts faits à l'époux, c'est d'accroître l'autorité du père; c'est sur-tout à *rétablir l'autorité paternelle* sur ses antiques bases, que consiste presque toute la théorie des lois à faire pour la constitution de la famille. Donnons quelque développement à cette idée, et voyons, par les conséquences à tirer de la nature même de l'objet, par l'exemple des autres peuples, et par celui que nous tirons de notre propre histoire, quels doivent en être pour nous les intéressans résultats.

D'abord, fermons les livres, et consultons la nature; elle nous dira que le principal but est la propagation de l'espèce. Elle conduit à ce terme par le plaisir de l'union des êtres, par l'attrait le plus puissant entre les animaux de sexe différent : elle fait franchir au mâle tous les obstacles, lui fait vaincre toutes les résistances. Chez la plupart d'entre eux, celle-ci est chargée seule du soin de la gestation et de la nourriture des nouveaux-nés ; les fonctions du mâle se bornent bien moins à être père, qu'à rendre la femelle capable de devenir mère. Chez d'autres animaux, les soins de la paternité s'étendent au-delà de la naissance, et se prolongent comme ceux de la mère, jusqu'à l'époque où les enfans peuvent se passer des soins de tous les deux. Là, finissent tous les rapports sociaux entre eux ; il n'y a plus, ni *père*, ni *fils*, encore moins d'*époux* ou de *femme*. Chacun des *produits*, en effet, peut devenir *père* à son tour, et mari de sa propre mère, et ces nouveaux rapports ne dureront pas plus longtemps que ceux à qui il a dû le jour. Pourquoi se prolongeroient, en effet, et leurs soins, et leur tendresse ? Ceux-ci n'ont rien à transmettre, rien à enseigner à leurs nouveaux-nés que la nature ne leur ait appris. Les moyens de se procurer leur nourriture et de se défendre, ils les possèdent comme lui ; le père n'a rien de plus. Inégaux par l'âge, ils ne le sont presque pas par la force, et la nature se charge tellement de développer l'instinct, que celui-ci leur tient lieu d'expérience et de maître; ils sont, en naissant, aussi instruits que leur père, et propres d'eux-mêmes et sans conseil, à le devenir.

Tel est l'état des animaux, et tel est à peu près le nôtre, s'il en faut croire certains philosophes qui, par la pente de l'analogie, ont été conduits à nous égaler aux brutes. Seulement, comme ils sentoient le besoin de nous comparer aux animaux chez lesquels une organisation plus parfaite, le besoin d'une éducation plus long-temps suivie prolongeoient également les soins de la paternité, ils avoient regardé l'époque à laquelle les enfans peuvent se passer physiquement de leurs parens, comme celle où finissoient les rapports de famille; et prenant des faits isolés et des exceptions pour des conséquences, ils présentoient comme plus près de la nature ces sauvages qui outragent le plus la nature, en tuant de leurs propres mains leurs pères, incapables, ou de les suivre désormais dans leurs longues chasses, ou de se procurer leur subsistance. Si quelque souvenir de ce qu'on doit à des parens qui leur donnèrent le jour, vient les troubler dans leurs spéculations philosophiques, ils objectent les plaisirs de la conception, comme un dédommagement qui dispense de la reconnoissance. Mais ayant, par leur froide et barbare théorie, affoibli l'amour paternel, comme ils cherchent à détruire l'amour filial, en forçant à mesurer ce dernier sentiment sur les soins donnés par le père à l'enfance, et ayant borné ces mêmes soins de la part des parens, ils dessèchent et détruisent à la fois ces deux sentimens l'un par l'autre, et parviennent à nous ramener à leurs principes, et à nous rapprocher effectivement de l'état des bêtes, auxquelles ils nous ont déjà comparés.

Certes, ces philosophes n'ont jamais prétendu conduire les hommes à égorger leurs inutiles pères : mais tout au moins leur esprit d'analyse les a portés à établir l'égalité la plus parfaite entre eux et leurs fils, quand ceux-ci sont parvenus à l'âge de raison ; à réduire les rapports de fils à père à ce commerce réciproque de bienveillance entre deux êtres dont l'un a causé à l'autre les plaisirs de la paternité, et l'autre s'est engagé à hériter de la fortune et du nom de celui-là, à ne rien faire qui ne le rende digne de le porter, et selon l'occurrence, à le transmettre à des individus qui seront pour lui ce qu'il fut lui-même pour celui qui lui donna le jour.

Examinons cependant les différences que

la nature elle-même établit entre les animaux les plus perfectionnés et l'homme.

Il est de tous celui qui a le plus d'intelligence, si l'on veut, mais le moins d'instinct. Il ne fait rien qu'on ne lui ait appris. Il est le seul aussi que la nature aie doué de la faculté de se communiquer par le langage, les connoissances qui lui sont nécessaires, et que les autres animaux possèdent en naissant. Il est si foible, et si long-temps foible, que le temps qui suffit à peine à son éducation, voit naître et périr des générations d'animaux aussi grands que lui. Cependant presque tous les autres ne connoissent qu'à certaines époques de l'année, la faculté de se reproduire; l'homme l'éprouve en tout temps : ainsi, d'une part, le besoin d'une éducation prolongée doit déterminer sur lui les soins et la tendresse des père et mère; et de la faculté de se reproduire en tout temps, naît une multiplication indéfinie.

En effet, à l'époque où il aura des enfans qui pourront se passer de ses soins, il en peut avoir qui en exigent encore; d'autres qui ne font que de naître. Ainsi, non-seulement l'homme, tout le temps qu'il peut procréer, est obligé de pourvoir à l'entretien de sa famille, mais il le doit encore, même après la cessation de cette faculté. Aussi remarque-t-il distinctement trois âges dans sa vie ; premièrement celui où il a besoin de tous les secours, qu'on peut appeler celui de son éducation ; secondement celui où, lié à un individu d'un sexe différent, il aura des enfans, et où, faisant l'application de ses forces, il se procurera, non-seulement ce qui suffit à sa famille, mais encore un excédent qu'il doit mettre en réserve pour une troisième époque de la vie, où sa compagne il est vrai, ne produira plus, mais où il se trouvera lui-même dans l'impossibilité de se procurer sa propre subsistance.

Ce dernier âge se peint à lui comme une seconde enfance, qui a besoin de tous les secours, et à laquelle il ne manque qu'un père. Sans doute il voit, dans les êtres auxquels il donna le jour, des individus qui lui doivent des soins.

Mais en comparant le sentiment qu'il éprouva pour ses enfans, et celui que les enfans témoignent communément à leur père, il s'aperçoit bientôt que le plus vif et le plus tendre n'est pas celui qu'il doit s'attendre à inspirer un jour aux siens ; d'ailleurs ceux-ci peuvent être pères à leur tour : seroit-il en droit d'exiger pour lui, la même tendresse qu'ils porteront à leurs enfans ? . . . Plus d'une circonstance a pu diminuer encore leur amour. . . . . Il lui a fallu souvent déployer la sévérité du maître contre ces mêmes fils, alors hors d'état d'apprécier ses motifs, et incapables sur-tout de sentir ce que cette rigueur coûtoit à sa tendresse. . . . Sa vieillesse exigera peut-être autant de soins qu'il en donna à leur enfance, et cependant quelle différence, quel contraste entre eux et lui, à ces diverses époques ! Ses travaux, qui n'avoient pour but que d'autres lui-même, étoient autant de jouissances. Par ces nouveaux êtres, il se voyoit revivre, et chacun d'eux sembloit, avec son nom, doubler son existence ; mais les peines qu'il va causer, pourront-elles présenter, ni les mêmes consolations, ni le même caractère ? Ils croissoient, lui décline ; ils s'avançoient vers la vie, il se baisse vers la tombe. L'espérance, toutes les affections vives animoient leur marche ; la tristesse, l'ennui, le chagrin, tous les maux marquent ses pas, et s'il ressemble à l'enfance, ce n'est que par la foiblesse. Au lieu de cet amour de père qui fait faire tant de prodiges, dont on ne tient pas compte, parce qu'il n'en coûte rien pour l'éprouver, il n'aura droit qu'à leur reconnoissance, c'est-à-dire à un sentiment relatif, et pour ainsi dire de reflet, qui éclaire bien plus qu'il n'échauffe : heureux encore, s'il l'obtient ! . . .

Et sa femme qui partagea ses travaux, plus épuisée encore que lui-même, et par les soins, et par les maux de la maternité, et par sa tendresse ; celle qu'il a dû rendre heureuse, dans tous les temps, et qui a tant mérité de l'être ; sa femme, dont il fut l'appui, le soutien, comme elle fut la consolation et le charme de sa vie, il la verra, sans pouvoir la secourir, éprouver comme lui le besoin peut-être, et tout au plus une honteuse et froide pitié. . . . Ce tableau déchirant, présenté par la sage prévoyance, vient frapper ses esprits, au moment où il est encore dans la force de l'âge. « Non, non, s'écrie-t-il, nous ne passerons » pas dans les ennuis de l'abandon ou de l'oubli, les derniers momens de la vie ; non, » dit-il à son épouse, tu n'auras pas à me reprocher de m'avoir sacrifié, et ta jeunesse, » et tes charmes ; de m'avoir prodigué tes soins » et ta tendresse, pour éprouver, dans tes » vieux ans, ou la pauvreté, ou le délaissement de ceux-là mêmes qui te doivent la vie. » Quand tu quittas, pour me suivre, et tes » foyers, et ta famille, et ton père, j'ai promis,

» j'ai dû promettre que je le remplacerois dans » sa tendresse, qui lui fit trouver les moyens » de t'élever. . . . . . Encore dans la force de » l'âge, je vais redoubler, et de travail, et de » force, afin de nous faire un trésor pour ces » jours de disette, de foiblesse et de délaisse- » ment. Ces biens appartiendront à nos enfans, » après nous ; mais notre tendresse ne sauroit » leur être suspecte. Il importe que dans tous » les temps de la vie, nous ayons de quoi récom- » penser la reconnoissance et les soins, de quoi » subvenir aux besoins du plus foible : c'est nous » qui sommes, plus que personne, éclairés sur » leurs besoins respectifs ; *c'est à nous seuls à en » régler le partage.* Eh ! de quel droit un autre que » nous pourroit s'immiscer dans notre héri- » tage ? Il faut que, non-seulement ils nous » respectent vivans, et lorsque nous travail- » lerons pour leur commun bonheur, mais » qu'ils respectent jusques à nos foiblesses ; et » malédiction au fils qui se conduiroit autre- » ment ! malheur au pays où celui-ci pourra » rire de l'ivresse de son père, et ne viendra » pas à reculons couvrir sa nudité de son man- » teau ! malheur au peuple chez lequel ce trésor » amassé dans les jours de vigueur et d'abon- » dance, ne sera pas le dépôt le plus sacré !...

» Que notre volonté, respectée pendant notre » vie, le soit encore après que nous ne serons » plus. »

Il dit ; et son activité industrieuse lui fait trouver de nombreuses ressources pour l'avenir. Il creuse la terre, il sème, il plante, il entoure son champ, il se construit une habitation, il court les mers, et sur les aîles des vents, il découvre de nouveaux mondes : mais qu'il se soit donné une cabane ou un palais ; qu'il ait amassé, ou des coquillages, ou les plus riches métaux ; qu'il nage dans l'abondance, ou qu'il soit couvert de haillons, pour tout ce qu'il possède, il a dû pouvoir dire : « Ceci est à moi, je veux pouvoir en disposer » plus que de moi-même, *car je veux en être » maître, au-delà même du tombeau.* »

Telle a dû être l'origine de la propriété et du respect qu'on a dû avoir pour elle ; les autres pères de famille ont dû faire le même raisonnement que celui-ci, agir à son exemple, et par-tout où ils ont pu s'entendre, par-tout du moins où ils ont pu se faire entendre, les lois ont été éminemment dirigées vers le respect de la propriété ; dans la suite, ils ont consenti même à faire le sacrifice d'une portion de cette propriété, pour protéger et défendre la portion restante ; c'est l'assurance de cette portion qui a enfanté les miracles de l'industrie, qui a produit les richesses, la puissance de certaines nations, comme la jouissance incertaine et précaire de cette même propriété, a produit l'abattement, la dégradation et l'avilissement de certains peuples.

Ainsi la propriété est un des plus grands moyens de puissance, mais ce n'est qu'un moyen ; malgré son importance, ne nous méprenons pas sur sa nature, comme on paroît le faire assez communément ; le respect et le maintien de la propriété ne sont pas le but de l'association politique, comme la propriété elle-même n'est pas la base de l'association ; mais le maintien de la propriété est le plus fort lien de l'association, le plus puissant lévier de toute société politique (1).

---

(1) Ceux qui ont envisagé la propriété comme la base de l'association, ont pris l'effet pour la cause, le moyen pour le terme ; ils ont moins considéré les personnes que les choses, et cependant, ce n'est, ni pour posséder des terres, des palais, des richesses, que les hommes se sont formés en société ; c'est pour être heureux par les jouissances que la possession que ces richesses procure. Il faut, ce me semble, distinguer entre *possession* et *propriété* ; le premier mot équivaut à *jouissance*, et dans tous les pays,

C'est donc se conserver intact le plus grand moyen de puissance, dans un pays quelconque,

---

chez tous les peuples qui vivent sous un gouvernement despotique modéré, la jouissance est respectée ; il y a ce qu'on appelle *possession*. Mais la *propriété* et les droits inhérens à ce titre, ont une force morale, qui, non-seulement assure la jouissance au possesseur actuel, mais à tous ceux à qui, par un acte de sa volonté, le propriétaire la transmettra ; c'est cette force qui assure à l'homme, jusqu'à son dernier soupir, les devoirs et les soins de sa famille. Observez que si ce n'étoit pas une force morale, mais une puissance physique, elle seroit susceptible d'apréciation, de mesure et de calcul ; elle se gradueroit, par exemple, sur la quotité des biens, et le père le plus riche seroit le plus respecté, ce qui est bien loin d'être vrai. Si la quotité des biens pouvoit mesurer cette puissance, il s'en suivroit qu'un gouvernement, par exemple, en s'emparant de la plus grande masse possible de bien et de richesses particulières, et les vendant ou les distribuant à d'autres particuliers, se trouveroit le plus riche, le plus puissant et le plus fort ; et il se trouve que le plus puissant de tous est celui chez lequel on n'a jamais fait de ces soustractions injustes. La raison en est simple : qu'un gouvernement s'empare arbitrairement d'une portion quelconque, pour la donner ou la vendre à un autre, qu'est-ce qui garantiroit ceux-ci de la crainte d'une pareille spoliation ? Ce n'est pas la quantité de biens échangés ou donnés, puisqu'elle seroit un appât de plus à la cupidité. On voit donc que la *propriété* est non-seulement la *possession* de ce qu'on a, mais la certitude que chaque possesseur particulier ne sera pas troublé dans sa jouissance, ou que du moins elle lui est garantie par toute la force que d'y conserver, et d'y avoir toujours conservé le plus grand respect à la *propriété*. Il faut sans contredit les conserver toutes; mais il n'en est aucune dont la *possession* ou la disposition doive être aussi sacrée que celle du père de famille, non-seulement par le gouvernement, sa propriété à cet égard, doit être aussi défendue que celle des autres individus, mais c'est sur-tout dans ses rapports avec ses enfans.

---

des autres possesseurs réunis : on voit donc que c'est une force morale, une puissance d'imagination; aussi toutes les privations ou soustractions de possessions, ordonnées par les lois, et par de sages lois, comme les confiscations, les amendes, etc., ne diminuent pas la force de *propriété*. Il n'y a que les actes arbitraires qui pourroient produire ce mauvais effet. C'est si peu la quotité des sacrifices que l'on fait, des soustractions de possessions ou de jouissances qui portent atteinte à la puissance d'un gouvernement, que l'Angleterre qui en a fait d'inouis, a été jusqu'ici le pays du monde où l'on étoit le plus en état d'en faire, parce que c'est un de ceux où la propriété est le plus respectée, et que la dernière suspension de paiement de la banque est un événement plus heureux pour ses ennemis, que la perte, ou de leur flotte, ou de leurs colonies. Aussi une dernière différence qu'on pourra observer, c'est que les pays libres, c'est-à-dire, ceux où le droit de *propriété* est le plus respecté, sont ceux où les peuples sont le plus grevés d'impôts, ont réellement moins de *possessions*. Voyez encore l'Angleterre, et ci-devant la Hollande.

enfans. C'est pour les pères qu'il convient de laisser à la propriété cette force purement d'imagination (*voy.* la note précédente), qui ne convient qu'à elle, et qui, en prolongeant sa durée, lui donne un caractère et une force particulière; distincte de la *possession*, qui se borne à la vie de l'homme et finit avec lui, la propriété s'étend au-delà. C'est non-seulement l'assurance de jouir pendant qu'on existe, mais la certitude d'en faire jouir après soi, tel héritier qu'on voudra choisir; c'est de cette puissance morale dont il importe à un gouvernement sage de ne pas se priver, s'il ne veut éteindre l'émulation et décourager l'industrie, empêcher l'accumulation des richesses et des capitaux. Mais ce doit être sur-tout le grand levier de l'autorité du père : si vous le brisez dans ses mains, il ne vous reste plus rien, ni frein, ni subordination, ni société, ni famille. C'est sur-tout dans sa famille, qu'il faut accorder au père la plus grande latitude d'autorité; c'est là qu'il faut l'entourer de respect autant que d'amour. Le plus grand moyen de lui conserver sa puissance au milieu des siens, c'est de lui laisser la plus grande liberté de disposer de sa fortune, et pendant sa vie, et après sa mort. Qu'il puisse, s'il le trouve convenable, léguer une plus grande portion de son bien à tel de ses enfans à qui sa santé, la foiblesse de son organisation ou d'autres circonstances, donnent plus de besoins et moins de moyens de les satisfaire ; que celui d'entre eux qui l'aura aidé dans ses travaux, qui aura employé ses bras, son temps et sa jeunesse à améliorer les champs paternels ; celui qui aura mis, et son activité, et son industrie à soutenir, à faire prospérer une manufacture, une entreprise quelconque, puisse être plus avantageusement partagé que ses frères, qui n'ont contribué en rien aux frais de l'établissement.

Proscrivez, il en est temps, proscrivez toutes les idées étroites et mesquines ; proscrivez ces mots qu'il a fallu employer jusqu'à l'abus peut-être, pour faire la révolution. La révolution est faite ; il s'agit de savoir si vous voulez en recueillir les fruits, ou vous replonger dans de nouveaux maux.

Le sizaillement perpétuel des héritages et des propriétés sera le plus grand des fléaux qu'elle aura produits, si vous en consacrez l'usage. C'est la perte de toute industrie, de toute richesse ; c'est la destruction de tous les capitaux. Le partage égal des fortunes entre les enfans, établi sous l'ancien régime, dans les pays de droit coutumier, avoit, à cette époque des effets moins funestes que ceux qu'il produiroit aujourd'hui. 1°. Les provinces qui étoient ainsi régies, situées au nord de la France, étoient aussi des pays de grande culture, où de plus grandes fortunes rendoient chacun des partages plus considérable; 2°. l'usage des substitutions conservoit dans les mêmes mains, des portions immenses de propriété; 3°. la faculté qu'avoit le père d'avantager un enfant, en le mariant, étoit un moyen de transmettre intacte une certaine portion d'héritage; 4°. enfin, le cruel usage d'entretenir des filles dans les cloîtres, au moyen d'une légère dot, ou même la coutume qui, dans certains lieux, les privoit de dot, et plus encore, le petit nombre d'enfans que le luxe ou le libertinage, la débauche ou des calculs aussi ambitieux que coupables, permettoient d'avoir, grossissoient les lots, en réduisant le nombre des victimes.

Vous avez détruit, et certes c'est votre plus bel ouvrage, et les substitutions, et les coutumes de certaines provinces, et les tombeaux où s'ensevelissoit toute vivante la victime de l'ambition ou du préjugé; vous voulez détruire à jamais ces calculs affreux du libertinage et du luxe, qui privent l'homme de la plus douce comme de la plus noble jouissance, celle de se reproduire, de se multiplier dans des enfans qui perpétuent, et son nom, et ses vertus. Vous voulez au contraire, par tous les moyens qui seront en votre pouvoir, accroître les habitans d'un sol libre ; ainsi donc toutes ces causes qui prévenoient la trop grande quantité des partageans n'existeront plus ; par conséquent, les partages ordonnés égaux par la loi, amèneront des divisions de territoire à l'infini, une destruction continuelle de capitaux, et réduiront aux inconvéniens des petites propriétés et aux maigres ressources de la petite culture, les plus belles terres de la république, jusqu'ici exploitées en grand. La fausse application du système d'égalité privera des avantages de la grande culture, même les pays qui en étoient susceptibles ; vous aurez à vous reprocher d'avoir employé les plus salutaires lois à former un système plus funeste en ce point que la féodalité et les lois barbares que vous avez détruites, et vous aurez tourné contre vous-mêmes vos plus utiles institutions.

Qui peut ignorer aujourd'hui qu'une entreprise, une manufacture quelconque ne prospère qu'en raison des capitaux qu'on peut y verser ? qui ne sait que l'agriculture n'est que la manufacture de la terre ? Et aurions-nous assez peu profité des ouvrages modernes du peuple le plus instruit sur l'emploi de ses ressources, des Anglais, pour ignorer encore que, plus on emploiera de capitaux en grand à cette manufacture trop négligée, et plus on en retirera de produits ? A-t-on oublié ces vérités démontrées par l'agriculteur éclairé, Arthur Young, dans ses voyages en Angleterre, en Italie, et même en France, par lesquels il prouve, et l'immense avantage des exploitations en grand, et celui des capitaux considérables versés sur la terre, et celui des baux à longs termes ? Il me semble que le succès de cet ouvrage et de ses principes doit avoir rendu ces vérités élémentaires parmi nous. . . . . Vous êtes étonnés vous-mêmes des ressources de votre agriculture, au moment où j'écris : jamais on n'a vu plus de bestiaux, plus d'engrais, plus de richesse mobiliaire du fermier qui contribue tant à l'amélioration des fonds ; et cela, au milieu des agitations de la révolution, et quand plus de deux millions d'hommes sont arrachés à l'agriculture, à l'industrie, au commerce, pour les armées, ou pour remplir les places d'une administration nécessairement trop compliquée en commençant. A quoi attribuer cette amélioration de l'agriculture comparée, si ce n'est d'abord à la quantité de capitaux versés par les propriétaires, qui, ayant reçu des remboursemens, se sont déterminés à cultiver eux-mêmes, ou même à la richesse des fermiers, qui, n'ayant payé leurs fermages qu'en valeur nominale, ont eu plus de moyens de se procurer des bestiaux, de l'engrais, etc.?... Je me persuade que les avantages de la grande culture sur la petite sont démontrés aujourd'hui, et que ceci ne fait plus une question.

Que tous les pays n'en soient pas également susceptibles, et que par conséquent, vous ne parveniez pas à exploiter la France entière, d'après cette méthode, c'est ce qui est possible; mais des exceptions ne serviroient elles-mêmes qu'à confirmer la bonté de la méthode qui doit servir de règle. Or, les grandes propriétés sont une des conditions de la grande culture; et en laissant subsister la loi sur l'égalité forcée des partages entre les enfans, vous augmenterez le nombre des lots, la division du territoire, et vous rendrez impossible toute exploitation en grand. Dans les plus beaux pays de la France, vous morcelerez également les capitaux, et vous perdrez l'agriculture.

Que sera-ce également de tout autre manufacture, que souvent un père de famille a exploitée, élevée à grands frais, où il a versé ses capitaux, et souvent ses emprunts? Il meurt au moment de recueillir largement le juste salaire de ses soins et de ses avances; celui ou ceux de ses fils qui l'avoient aidé, qui mettoient à cet établissement, et cet amour-propre héréditaire, et une industrie et des lumières acquises par l'expérience, sont hors d'état de conserver et de faire marcher une entreprise de laquelle il faut tirer des capitaux empruntés par leur père, et à laquelle ils n'ont pas plus de droit que le reste de leur nombreuse famille. S'il n'eût fallu qu'une somme déterminée pour désintéresser leurs frères dans l'entreprise, et moins considérable que celle qui proviendra d'un partage rigoureusement égal, ils eussent trouvé dans la dot d'une femme, dans la confiance qu'inspire une bonne conduite, de quoi la faire prospérer; mais il leur faudroit ici tout acheter, alors on se détermine à tout vendre, et le prix des matériaux, usines, exposés en vente, partagés entre cinq ou six, ne produira pas à chacun d'eux ce que leur eût valu la portion que le père eût pu leur assigner sur la valeur présumée et croissante d'un établissement qui eût prospéré;

et le père meurt avec le regret de voir tous ses travaux, toutes ses peines perdus pour ses enfans, avec le sentiment pénible de l'impuissance où il est d'y remédier, et cela, par l'effet d'une mauvaise loi. L'Etat perd un établissement utile; la mort de chaque père de famille fournira l'application de cet exemple, et la répétition de cette expérience, diversement modifiée, amenera la perte de toute industrie; et la plus affreuse injustice sera le fruit d'un décret qui présente les apparence de la plus rigoureuse justice.

Non, citoyens Législateurs, vous ne permettrez pas que les hommes, et ses volontés, et ses projets, et ses affections, et ses peines, et ses besoins, c'est-à-dire, ce qu'il y a de plus mobile, de plus variable, de plus divers, se règle d'après les lois de l'équerre, et, cependant, c'est tout cela qu'on assujettit à l'égalité de mesure, bien moins que son héritage; c'est à chaque père de famille à juger de sa fortune et de sa position, et la volonté de la loi ne doit intervenir que dans le cas où le père aura jugé convenable de ne pas énoncer lui-même la sienne. Que tout se partage également alors; qu'il n'y ait aucune loi de prédilection en faveur de l'aîné ou du puîné, rien de plus juste ; augmentez même, si vous le trouvez convenable, la quotité ou fonds dont le père ne pouvoit priver son enfant, à moins d'exhérédation, et qui composoit ce qu'on appeloit *la légitime de droit* ; mais que le père puisse disposer, à son gré, du reste, en faveur de celle ou de ceux qu'il lui plaira de désigner.

C'est la plus importante de toutes les lois que vous ayez à rendre ; c'est sur elle que repose le respect que vous voulez, je n'en doute pas, inspirer aux enfans, pour ceux à qui ils doivent le jour ; c'est la base de l'autorité du premier magistrat que vous ayez à créer, le père de famille. Sans cette loi, il n'est plus de magistrat, il n'est plus de respect, plus de père, dans le sens que vous devez attacher à ce mot ; et vous verrez combien d'autres magistratures il vous faudra créer pour remplacer cette magistrature de la nature, sans y parvenir jamais !

Mais l'effet funeste de cette loi se fera surtout sentir dans cette partie de la république, régie, jusqu'à ces derniers temps, par le droit romain, où, par conséquent, les pères avoient la faculté de disposer de leur fortune, et qui viennent d'en être privés ; où, malgré cette facilité, les propriétés, déjà trop divisées, condamnoient le pays aux inconvéniens de la petite culture ? . . . . Tous ceux qu'elle entraîne avec elle, dans les départemens du Nord, doivent décupler dans le Midi. Les propriétés territoriales vont être morcelées de manière à ne plus vous présenter bientôt un corps de ferme capable d'occuper deux animaux de labour, et bientôt toutes ces terres, cultivées à bras, donneront le spectacle d'une prospérité trompeuse, à laquelle on aura sacrifié dix fois plus de temps et de travail, pour produire infiniment moins. La rareté des engrais, qu'on ne peut se procurer abondans que par de nombreux troupeaux et de vastes prairies artificielles, et qui supposent des exploitations en grand, vous donneront à la fois, cherté de main-d'œuvre, cherté de comestibles, rareté de numéraire, et de tant d'autres objets qu'on se fût procuré abondamment, si les bras, maladroitement employés à une culture manuelle et mesquine, avoient été appliqués aux travaux des manufactures. Les objets manufacturés se ressentiront à leur tour de la cherté et de la rareté de la main-d'œuvre et des comestibles, et la perte totale de l'industrie naîtra des efforts même faussement appliqués à la faire prospérer.

Que les éloges, je le répète, donnés à nos voisins, à leur théorie, à leurs ouvrages, à leurs résultats, ne soient pas perdus pour nous, uniquement dans la partie la moins contestée de ces mêmes résultats. Depuis dix ans, trois ou quatre traductions de l'ouvrage des Essais de Smith, sur la richesse des nations, ont soumis cet ouvrage, estimable à tant d'égards et sous tant de rapports, aux réflexions de la nation française. De toutes les vérités qui y sont énoncées, il n'en est aucune qui aie acquis autant d'authenticité que celle qui est développée dans ses premiers livres, sur l'utilité et l'importance de la division du travail; cette vérité mère, qui n'est que le résultat d'une théorie professée depuis long-temps à l'école d'Edimbourg, et qui a été publiée avec beaucoup d'esprit et de sagacité par l'ingénieux et éloquent auteur dont nous parlons; cette vérité, dis-je, est devenue un principe, presque un axiôme. Or, ne voit-on pas que la nécessité de la division du travail est une vérité totalement opposée aux divisions multipliées du territoire? Si les hommes ne font bien et vîte que l'unique travail qu'ils font tous les jours, n'est-il pas manifeste qu'une loi qui, en morcelant les propriétés territoriales et les capitaux de l'industrie, les forcera tous à être tour-à-tour, agriculteurs, manufacturiers et manouvriers, nous ramenera à l'enfance des sociétés, et finira par détruire, et notre agriculture, et notre industrie? Or, diviser ces mêmes propriétés territoriales, n'est-ce pas appeler un plus grand nombre d'individus à cultiver, ces propriétés restant les mêmes? L'adresse, l'activité et l'intelligence avec lesquelles chaque nation applique le travail commun, déterminent l'abondance ou la rareté des objets de consommation. Dira-t-on que la plus grande quantité des bras occupés amenera cette abondance? Mais Smith vous démontre que chez les peuplades sauvages, qui ne vivent que de leur chasse ou de leur pêche, il n'est pas un seul individu qui ne s'occupe de plusieurs métiers à la fois; et cependant, ces peuplades vivent dans une si grande pauvreté, qu'elles se croyent réduites à la nécessité de détruire de leurs propres mains, ou d'abandonner aux horreurs de la faim, les enfans, les vieillards, qui ne peuvent plus travailler. Chez les nations civilisées, au contraire, où tant d'hommes vivent oisifs, et consomment sans travailler, le produit de l'industrie générale est néanmoins si considérable, que tous les individus se trouvent abondamment pourvus. . . .

Pense-t-on que les enfans d'un même père, que des frères, sentant l'importance de la réunion d'une propriété dans les mêmes mains, chargeront l'un d'eux de l'exploitation ? Mais en supposant ce qui est en question, quel est le frère qui voudra, ou qui pourra même, se charger d'être le fermier de ses frères ? La plupart seront mineurs; le plus âgé ne redoutera-t-il pas la rigueur des comptes de tutelle à rendre ? Eh puis, aura-t-il lui-même assez de capitaux ? tous ceux qui meublent la ferme appartiennent à ses frères comme à lui ; il faudra vendre, et souvent disperser des bestiaux, des troupeaux utiles, etc., etc., etc. Il est tant de raisons qui s'élèvent contre cette loi, qu'elles se présentent en foule, et ne permettent pas même à l'esprit la faculté de les placer avec ordre. Je ne prétends pas indiquer même les principales, mais je demande que quiconque a réfléchi un instant, et qui sent la foule de maux que cette loi va faire naître, joigne ici ses réflexions propres, à celles que je ne fais qu'indiquer ; je le demande, sur-tout, à tout le Midi de la France, je le demande à ceux qui ont vécu sous l'heureux joug de l'autorité paternelle, s'ils ne pensent pas que le maintien de cette loi détruiroit à jamais, et cette autorité, et jusqu'à la tendresse filiale. Vous forcerez les fils à l'ingratitude, parce que vous avez mis le père dans l'impuissance de récompenser les services, ou même d'être juste avec lui. .... Connoissez-vous, pour un père, un état plus affreux que celui d'être forcément ingrat envers un de ses enfans ?

Mais ne crains pas un pareil sort, malheureux vieillard, ce n'est pas là l'espèce de maux que tu es destiné à éprouver ! Je t'ai supposé un fils, dont la tendresse alloit jusqu'au dévouement; mais, dis-moi, en connois-tu beaucoup qui veuillent ainsi servir de victime ? Que dis-je, voudrois-tu l'exiger toi-même ? Si le plus tendre d'entre eux consentoit à te consacrer ainsi l'emploi de ses bras, pourra-t-il, s'il est père à son tour, te livrer le produit du travail qui fait subsister sa propre famille ? Le voudrois-tu toi-même ? Non, sans doute; il faut qu'il porte son travail, qu'il place son industrie sur le champ d'autrui, où des frères ne viendront pas, au nom de la loi, partager le prix de sa peine. Ainsi, l'intérêt et le devoir feront à chacun des fils, une nécessité de te quitter, de t'abandonner; tu dois, au nom de ta tendresse même, les obliger à te laisser seul. Ainsi donc, malheureux vieillard, traîne le reste de tes ans dans le délaissement et l'ennui; meurs sans avoir qui te ferme les yeux! Ah! ce n'étoit pas ainsi que tu croyois terminer ta vie, lorsqu'entouré de la nombreuse famille à qui tu avois donné l'existence, tu croyois voir un nouvel appui dans un nouvel enfant; lorsque, voyant croître et leur nombre et leurs besoins, tu redoublois également et tes travaux et tes sollicitudes; tu ne t'attendois pas qu'épuisé par ta tendresse même et tes efforts, tu hâtois l'instant fatal où, devenus forcément ingrats, tes fils t'abandonneroient aux horreurs de la solitude..... Et vous, à qui la qualité de législateur s'allie à celle de père, si le mot d'égalité retentit encore à votre esprit trompé, avec ses applications abusives, vous préserve le ciel d'éprouver, tout à la fois, dans vos vieux jours, les effets funestes d'une pareille loi, et le terrible chagrin de l'avoir rendue! Ah! vous seriez trop punis de votre erreur, si vous joigniez aux malheur d'être père et délaissé, celui d'être la cause que tant de malheureux pères sont délaissés comme vous; ce seroit à la fois réunir les supplices et les tourmens; de la victime et du bourrau.

Mais bientôt son héritage n'appartiendra à aucun deux ; pour opérer un partage égal, il faut que tout se vende, que tout se réduise en des valeur numériques, dont la distribution puisse former des lots arithmétiquement égaux. Eh quel est celui d'entre eux assez riche pour acquérir la totalité du patrimoine? Ainsi donc, cette maison qui les vit naître, ne les verra plus réunis; ces lieux chéris de leur enfance, marqués par tant de souvenirs touchans, ces foyers domestiques, où, dans leur éloignement, ils avoient rêvé si souvent qu'ils rapportoient et le bonheur et l'abondance; ces meubles simples ou rustiques, qui pouvoient rappeler à chacun d'eux, ou un plaisir, ou une leçon, tout cela doit passer en des mains étrangères, et, réduit à sa valeur intrinséque, il va perdre tout le prix qu'y attachoit leurs souvenirs; les habits et jusqu'à la tunique d'un père, tout doit être exposé en vente, tout doit passer sous la hache du licteur, aux yeux dépréciateurs de marchands cupides ou distraits, qui, dans leurs jeux bruyans, vont en critiquer et la forme et le tissu, et partager ainsi jusqu'au qu'au châlit fumant où vient d'expirer un malheureux père.

Je les ai vu ces marchés aussi scandaleux qu'impies; et au milieu d'hommes pour qui l'habitude en a fait un spectacle indifférent, j'ai conservé, et je m'en fais gloire, j'ai conservé la pudeur native qui me faisois souffrir à de pareils traités; et certes, j'espère n'être pas le seul à prouver cette pieuse répugnance. J'en appelle à ceux qui, comme moi, ont vécu sous l'empire des lois romaines; on sait s'ils ont été moins ardens pour la liberté, et s'ils ont fait moins d'effort et de sacrifice pour elle, et cependant, ils furent meilleurs fils que les enfans d'une loi ancienne qu'on veut étendre jusqu'à eux.

Et qu'on ne croie pas qu'un motif de cupidité dirige ma plume; depuis long-temps, hélas! je suis désintéressé personnellement à la question que je traite ici; depuis long-temps, j'ai perdu le meilleur des pères, et sa tendresse éclairée ma épargné la douleur de voir diviser ainsi et de vendre à l'encan ses dépouilles. Non, non, je n'ai point à craindre qu'un acheteur porte des yeux cupides sur la robe qui le couvrit; nous ne verrons qu'avec attendrissement ces meubles qui furent à son usage ; ce siége antique, sur lequel, assis, il nous dictoit des leçons et de sagesse et de conduite; cette table où, entouré de ses nombreux enfans, il prenoit ce frugal repas, qui ne fut jamais suivi des regrets de l'intempérance ; cette lampe, qui n'éclaira que des ameublemens simples, des vertus modestes, tout cela restera avec nous ; ils nous ont vu naître, croître, élever ; plus anciens que nous, ils doivent aussi nous survivre ; et ces serviteurs fidèles pourront encore, par leur présence, nous rappeler les individus qui nous furent les plus chers, et auxquels ils ont servis. Si jamais un luxe insolent venoit à les remplacer parmi nous avec eux, que ces vieux et fidèles témoins restent debout au milieu de nous, pour nous reprocher, par leur présence, de ressembler si peu à ceux dont nous tenons le jour ; ou si l'industrie, toujours croissante, amène dans la classe où nous naquîmes, plus de luxe de commodité, qu'il existe au moins entier dans la maison, cet ameublement simple et modeste comme nos pères, qu'il nous aide à remplir quelques devoirs, à exercer quelques vertus hospitalières ;

que nos frères, nos neveux, en venant visiter leur famille, viennent, pour ainsi dire, la visiter toute entière, se nourrir de souvenirs touchans, et reposer sur l'antique lit de leurs pères..... Ah ! si une autre loi m'avoit condamné à participer à cette vente impie, je l'eusse moi-même prévenu : « Prenez, prenez, » aurois-je dit à mes frères, prenez sans les » diviser, ces objets qui nous furent chers : je » vous cède des droits que je perdrois trop à » voir partager »; et, sans avoir le discernement du sage roi, tout le monde eût connu sans peine, qui de nous eût été le véritable fils....

Proscrivez donc une loi qui, en restreignant la faculté du père à disposer de sa fortune, borne une autorité qu'il vous importe, au contraire, d'accroître et d'augmenter. Nous indiquerons d'autres moyens accessoires, qui tous tendront à rehausser l'éclat de la paternité et la puissance de l'homme. Malgré la sévérité que nous avons affectée contre les femmes, il est facile de se convaincre qu'elles augmenteront réellement leur empire direct sur leurs enfans, par les pouvoirs accrus de la paternité, et indirectement, parce qu'on aura doublé le pouvoir de celui avec qui elles partagent tout. Pourroient-elles se plaindre de leur lot et de quelque injustice ? Parcourons l'histoire de la famille chez les peuples anciens et modernes, leur exemple nous prouvera peut-être, que les meilleures lois domestiques sont celles qui ont le plus d'analogie avec celles que nous proposons.

CHAPITRE V.

Examen de la Puissance domestique chez les Peuples anciens

Après avoir prouvé, par le simple raisonnement et par notre exemple, combien il importe, dans une société, que la famille soit fortement organisée, nous allons jeter un coup-d'œil rapide sur les différens peuples qui, sous des gouvernemens différens, ont occupé la scène du monde, et qui remplissent les pages de l'histoire. Si cet examen nous fournit la preuve que, quels qu'aient été leur gouvernement et leurs révolutions, ceux qui ont eu le plus de durée, et sans contredit plus de bonheur réel, sont ceux chez lesquels la famille a été le plus fortement constituée, nous en tirerons cette induction, que la constitution de la famille, de cet élément des sociétés, est un objet plus important encore pour un peuple, que sa constitution même, comme nation.

Prenons d'abord un des peuples le plus anciennement connus, le peuple hébreu, qui a successivement passé sous toutes les formes de gouvernement les plus opposées, les plus diverses, et qui, séparé aujourd'hui de tous les autres peuples, maltraité, avili, persécuté par tous, s'est conservé au milieu d'eux, et pour ainsi dire malgré eux. A quoi attribuer sa tenacité, pour ainsi dire, et sa perpétuité d'existence ? Ceux qui ne veulent voir, dans ce phénomène politique, qu'un miracle et l'accomplissement d'une prophétie, ou l'exécution de la volonté de Dieu, n'ont pas besoin de pousser plus loin leurs recherches : mais pourroient-ils blâmer ceux qui chercheroient à découvrir les causes secondes par lesquelles la puissance divine a voulu produire cet étrange phénomène ?

On ne peut l'attribuer à la nature ou à la forme de leur gouvernement, quand ils vivoient en corps de peuple. En effet, ils en ont changé une infinité de fois ; depuis Moïse, et avant d'avoir des rois, ils ont vécu plus de deux cents ans dans l'anarchie ; sous des gouverneurs et sous la servitude des Moabites, des rois de Chanaan, des Madianites, des Ammonites, des Philistins, et ils ont eu tour-à-tour des prêtres, des rois, des juges. Aucun peuple n'a éprouvé plus de changemens, plus varié la nature, et la forme, et la manière de se régir ;

et depuis qu'il est dispersé, sous combien de gouvernemens variés ne trouve-t-il pas à exister et à se soutenir! Monarchies tempérées, despotisme, républiques, aristocraties, démocraties, tout gouvernement lui est propre, sans qu'aucun lui soit favorable. Il est persécuté, pillé, pressuré par-tout, par-tout il se soutient, par-tout où il peut être en famille. Cette unité élémentaire, fortement organisée, lui fait trouver dans le chef de cette même famille, un juge, un magistrat, dont l'autorité vigilante et préservative le dispense d'avoir recours, à moins qu'il n'y soit forcé, aux autres magistrats des pays où il est obligé de vivre. Il forme par-tout un peuple à part, parce que chaque famille étant effectivement un entier, est, chez eux, assez fortement constituée pour pouvoir exister seule, indépendamment de toute autre agrégation; au lieu que chez les autres peuples, chaque famille, faute de ces moyens de cohésion, est moins un tout qu'une petite collection d'individus à peine liés ensemble, et prêts à se détacher au moindre effort. Il y a autant de petits peuples juifs, qu'il y a de nations différentes chez lesquelles on trouve des familles juives. Semblables à ces animaux dont les facultés vitales sont également répandues dans chaque partie de leur masse, on les coupe, on les divise, et l'on ne fait que multiplier les individus, dont chaque molécule animée a autant de vie que le corps entier dont on l'a séparée (1).

Sans doute leurs opinions religieuses renforcent merveilleusement, entretiennent cette force de cohésion entre eux; sans doute l'idée d'une future patrie, l'espoir d'un Dieu rédempteur, d'un Messie, d'un souverain tout-puissant, leur fait supporter les injustices de ceux sous lesquels ils vivent, et la croyance d'une réunion prophétisée leur fait souffrir avec résignation les maux de l'exil et de la dispersion à laquelle ils sont condamnés; mais ce dernier moyen de cohésion ne fait que donner une nouvelle puissance à leurs lois domestiques, qui, par elles-mêmes, produisent la plus grande force d'agrégation. S'ils se défendent des dieux étrangers, ils se défendent encore avec plus de soin des alliances avec des familles étrangères, dont le mélange leur feroit perdre ce caractère qui leur est propre; en sorte qu'il est difficile de déterminer si les idées religieuses contri-

(1) Les Polypes.

buent plus à fortifier la puissance domestique, que la puissance domestique à renforcer les opinions religieuses.

Un examen rapide de leurs lois vous prouvera jusqu'à quel point elles étoient dirigées vers cette unité de la famille, pour en fortifier l'essence et en favoriser la multiplication.

Le père, suivant les rabbins, doit cinq choses à son fils; 1°. le circoncire; 2°. le racheter; 3°. lui donner une épouse et une profession. Instruit à lire et à écrire, presqu'au sortir du berceau, à cinq ans, on lui présente le Pentateuque, et on le lui explique jusqu'à dix. Alors il passe à la *Misna* : à treize ans et un jour, il appartient à la loi, et il est tenu d'en observer les préceptes; à quinze, on lui lit la *Gemare*, dont on lui explique toutes les difficultés; à dix-huit ans, on le marie; à vingt ans, il a le droit de contracter, de trafiquer, etc. (1).

Rien n'est si expressément ordonné que le mariage, par la loi de Moïse. Celui qui n'est pas marié à vingt ans, est coupable aux yeux

---

(1) Voyez l'ouvrage rempli de recherches curieuses et savantes sur Moïse, du citoyen Pastoret.

de la loi : une nombreuse famille est la bénédiction du mariage. Aussi, sans citer les nombreux enfans de Gédéon qui en eut soixante et onze, d'Abdon qui avoit quarante fils et trente petit-fils, il suffit de connoître les familles juives modernes pour connoître que jamais loi ne fut mieux observée.

La polygamie leur étoit permise, elle l'est même encore ; mais ils n'en usent pas, et seulement dans le cas de la stérilité de leurs femmes.

Le but du législateur étoit de multiplier et de perpétuer les familles. « Un peuple nombreux est la gloire d'un roi, et le petit nombre de sujets en est la honte, » dit le livre des Proverbes. C'est ce qui lui fit instituer la *lévération* : c'étoit un acte par lequel un beau-frère étoit obligé à épouser la veuve de son frère, si celui-ci étoit mort sans enfans ; l'enfant premier né qui provenoit de ce second mariage, portoit le nom du mari défunt, *afin que ce nom ne se perdît pas dans Israël ;* il succédoit aux biens laissés, à l'exclusion du propre frère, de l'époux mort, et de ses frères nés auparavant d'une autre épouse. . . . (Deuterronome.) C'est pour se soustraire aux rigueurs de cette loi, qu'Onan, après que son frère Her fut mort sans postérité, aima mieux ne pas jouir de sa femme

Thamar veuve de son frère, afin de ne pas perdre son droit d'aînesse, et se priver par-là d'une succession. Il se permit cet abus coupable des plaisirs de l'amour et du devoir conjugal, qui a donné à son nom une malheureuse célébrité.

Le divorce étoit permis par le Deuterronome ; mais cet acte, pour être légal, étoit accompagné de tant de formalités toutes essentielles, qu'il donnoit lieu au repentir et à la réconciliation. D'ailleurs Moïse leur recommande si expressément d'user le moins possible du droit qu'il leur accorde, sur-tout envers la première épouse, qu'ils n'en ont jamais abusé.

La liberté du divorce n'étoit pas réciproque entre le mari et la femme ; l'exemple le plus ancien chez les Juifs d'une répudiation faite par la femme, est celle de Salomé, sœur d'Hérode le grand, qui répudia Costobare son mari, « action, dit le juif Josephe, contraire à nos lois, » qui ne le permettent qu'aux époux. » La femme pouvoit cependant demander un acte de séparation d'un mari qui auroit une maladie contagieuse, telle que la lèpre, etc. ; elle pouvoit elle-même demander le divorce, si les deux époux étoient mariés depuis dix ans, sans avoir d'enfans.

Ainsi le but du législateur sacré étoit d'accroître les familles et de les multiplier à l'infini, en même-temps que la constitution qu'il donnoit à chacune d'elles, portoit au plus haut degré leur force individuelle.

L'autorité paternelle y étoit excessive ; le père étoit regardé comme l'image de la divinité ; il avoit droit de vie et de mort sur ses enfans. Moïse crut devoir y mettre quelques bornes par l'établissement des juges et des tribunaux. Il conserva cependant aux pères jusques au droit de vendre leurs enfans, soit dans les cas où ils ne pourroient pas fournir à leur subsistance, soit pour acquitter une dette par leur esclavage. Il est vrai que, chez aucun peuple, l'esclavage n'a été concilié comme chez celui-ci, avec la douceur et la bienveillance de la loi ; il n'étoit jamais qu'à terme, et finissoit toujours à la septième année, qui étoit l'année sabbatique. Le père ne pouvoit vendre ses enfans qu'à un Israëlite ; il conservoit le droit de les racheter avant ce terme, par le premier pécule qu'il pourroit amasser : la vente se faisoit toujours en secret, pour conserver la dignité de la personne, et cacher dans l'ombre, pour ainsi dire, l'outrage fait à l'humanité. L'esclavage finissoit toujours à la mort du maître, et les esclaves ne passoient point aux héritiers. Le législateur leur recommande par-tout la plus grande douceur envers eux. Les moyens d'affranchissement étoient nombreux et faciles ; ce n'étoit, pour ainsi dire, qu'une suspension du droit de cité.

L'autorité maritale n'avoit pas moins d'étendue ; chaque page de leur code ne parle que de la soumission des femmes. La punition sévère de l'adultère, l'obéissance passive aux lois d'un époux, pour qui il faut abandonner son père et sa mère, en sont une preuve : il seroit aussi aisé que superflu de les multiplier.

Dire que l'esclavage étoit établi chez un peuple, c'est prouver l'excès d'autorité du maître sur ses serviteurs, quelque adoucies que fussent d'ailleurs, et les formes, et les conditions de la servitude. Ainsi la *puissance domestique* qui se compose de l'autorité des pères sur leurs enfans, de celle des maris sur leurs femmes, des maîtres sur leurs serviteurs, étoit dans toute son énergie chez le peuple hébreu.

La faculté laissée aux pères de disposer de leurs biens, renforçoit également cette première puissance. Ce droit existoit chez les Juifs dans toute son étendue; il fut restreint ou plutôt dirigé par Moïse, qui, voulant non-seulement perpétuer les familles, mais les pourvoir surtout d'un chef qui pût remplacer le père dans certains cas, donna la veuve au frère du défunt, comme nous l'avons vu; et pour tous, il établit irrévocablement un droit d'aînesse. La succession appartenoit aux enfans mâles; à leur défaut, les filles en jouissoient; au défaut des filles, les frères; et au défaut des frères, les oncles maternels. N'y avoit-il aucun de ces parens? .... les plus proches héritoient. .... Il paroît d'abord bizarre et contre nature de priver les filles de la succession de leurs pères, quand elles ont des frères: mais si l'on rapproche deux conditions établies par la loi; la première, la nécessité pour tout Juif de se marier avec une femme de sa nation, le droit qu'avoit la femme d'exiger une dot de son mari, au lieu de lui en apporter une, on sentira que la loi étoit plus politique que rigoureuse. On connoît le bizarre présent de nôces que Saül exigea de David pour lui donner sa fille Michol (1), et l'obligation où fut Jacob de se mettre en esclavage pendant quatorze ans chez le père de Rachel, pour obtenir sa fille. Observons encore que tous les époux dotoient leurs femmes de la même somme : ils pouvoient donner une somme plus forte, mais la stipulation écrite ne s'élevoit jamais au-delà. La dot fut censée la même pour toutes les Israëlites, et elle établit parmi elles au moins une apparence d'égalité. Cette somme étoit de 200 deniers, si la femme étoit vierge, et de 100, si elle étoit veuve; si le mari offroit moins, on regardoit la femme comme coupable. Une pareille loi devoit accroître d'autant la soumission de la femme envers son mari, favoriser les mœurs des femmes, et faire apprécier leurs qualités personnelles. Le mari succédoit à son épouse, et transportoit à ses propres héritiers cette succession confondue avec son patrimoine; la femme ne succédoit pas au mari, ni à ses enfans, quoique ceux-ci fussent ses héritiers. D'ailleurs ne perdons pas de vue que Moïse voulut que le gouvernement de sa famille fût

---

(1) Cent prépuces de Philistins. David en apporta deux cents.

monarchique, et aucun législateur n'a plus manifesté que lui l'intention de ne pas *laisser tomber le sceptre en quenouille*, comme l'exprime notre loi salique. La femme avoit des droits, et le Pentateuque prescrit ce qu'un homme doit à la sienne. L'ordre de succession établi, il fut défendu de le violer. Un père peut déshériter son fils, mais l'exhérédation n'est valable que dans le cas où il peut donner cette portion à ses autres enfans. Il peut faire une donation; si c'est à un de ses fils, la donation n'a d'autre effet que de le rendre propriétaire de sa portion, ou curateur, ou administrateur de celle de ses frères.

C'est par de pareilles institutions que cet habile législateur modifia les droits de succession dans les familles, de manière à en faire un des ressorts de la puissance domestique, en modérant ou dirigeant sa trop grande action : que d'instruction à tirer de l'étude de ses lois! Les hommes religieux et ceux qui ne le sont pas, ont trop répété que c'étoit au ferme attachement des Juifs, à leur croyance qu'ils devoient leur durée ou plutôt leur perpétuité vraiment miraculeuse : nous redirons qu'il y a deux objets à considérer dans leurs institutions, leur religion et leur code; quoique le même livre les

les contienne l'un et l'autre, il n'importe pas moins de les analyser, pour distinguer leurs effets. Leurs lois sont excellentes en elles-mêmes, et la religion n'a fait que sanctionner la confiance et le respect qu'ils avoient pour elles; mais le code est admirable, et l'opinion religieuse n'a fait que lui donner de la stabilité. Ce sont, si l'on veut, des institutions présentées par un dieu, mais dictées par un homme habile et sage, et la bonté des unes fortifie l'opinion qu'on a de leur origine et de leur auteur. Croyons que l'enthousiasme de croyance n'eût pas aussi long-temps soutenu des lois vicieuses et mal calculées; et l'on peut prédire, par exemple, que les lois de la famille dictées par Mahomet, également législateur et prophète, n'auront pas la durée et les autres avantages dont jouissent les institutions juives, quoiqu'elles soient excellentes sous beaucoup de rapports, comme nous le verrons plus bas. C'est à nos législateurs à remplacer, par la sagesse de leurs décrets, ce qui leur manque du côté de la croyance : ils doivent se rappeler les paroles de Montesquieu : « Moins la religion sera réprimante, dit-il, plus les lois civiles doivent réprimer (1). » Et nous de-

(1) De l'Esprit des Lois, liv. 24, ch. 14.

vons sentir que, moins nous avons de moyens d'opinion, plus la sagesse et la bonté des institutions, en elles-mêmes, doit remédier à ce défaut de puissance surnaturelle. . . .

Si, des Hébreux, nous passons aux peuples de la Grèce les plus célèbres, et d'abord aux Athéniens, si connus par leur amour pour la liberté, nous nous convaincrons que chez eux la puissance domestique étoit fortement constituée : les citations seroient ici aussi faciles que superflues. L'autorité des pères sur leurs enfans, des maris sur leurs femmes, y étoit extrême : d'ailleurs, chez presque tous les peuples anciens où l'esclavage étoit établi, l'autorité de l'époux et du père se confondant dans la même personne avec celle de maître, donnoit au chef de la famille une autorité et une puissance excessive. C'est en ce sens surtout que l'on a eu raison d'avancer que la servitude étoit le fondement de la liberté des anciens. Le nombre de leurs esclaves s'accrut tellement, qu'il devint redoutable : il falloit donc que l'autorité particulière de chaque maître fût assez forte pour contenir dans le devoir et le respect, des individus qu'il eût été difficile de contenir par le magistrat. Les Athéniens, effrayés sans doute du nombre d'ennemis qui peuploient, et leurs manufactures, et leurs habitations, et leur ville, furent tentés d'abolir l'esclavage; mais ne croyant pas pouvoir opérer ce changement chez eux, sans que la même loi fût admise chez les autres peuples, leurs voisins et leurs rivaux, on dit qu'ils la sollicitèrent de ceux-ci. (Pourquoi faut-il, tant de siècles après, que cet exemple ait été perdu pour nous!) Mais les Lacédémoniens, sans s'y refuser directement, y opposèrent tant d'obstacles, que ce projet ne fut jamais exécuté. Il eût changé la nature du gouvernement, et bouleversé la Grèce entière, s'il n'eût pas été préparé avec autant de sagesse que d'habileté.

Les femmes étoient sous l'autorité de leurs époux, et elles ne pouvoient se présenter devant les juges, qu'accompagnées de leurs maris; elles vivoient dans la plus profonde retraite, même au temps de Périclès. Confinées dans leurs appartemens, elles s'y occupoient uniquement de leurs devoirs domestiques. Si on oppose cette conduite à celle des Spartiates, par rapport à leurs femmes, à qui ils laissèrent prendre tant d'empire, on trouvera que les Athéniens furent plus sages, quand on observe sur-tout qu'à cette même époque, les courtisanes, à

Athènes, jouèrent un rôle si opposé et si dangereux, que la seule Aspasie, pour un ressentiment particulier, excita la guerre du Péloponèse, qui dura trente ans, et fit perdre à Athènes, et sa liberté, et sa puissance.

D'après les traits de ressemblance qui existent entre les gouvernemens des divers peuples de la Grèce, sur-tout d'après l'usage des esclaves, généralement adopté parmi eux, il paroîtroit inutile de citer l'exemple des Lacédémoniens, pour preuve de l'influence que l'organisation de la famille a sur les sociétés et sur leur existence politique : mais la constitution de Sparte me paroît prouver cette vérité d'une manière si particulière, que je ne puis m'empêcher de m'y arrêter. En effet, Lycurgue avoit tellement apprécié cette force de la famille dans l'Etat, qu'il voulut ne composer de l'Etat qu'une famille. Ces deux idées très-différentes, et qu'il faut bien distinguer, il les confondit : ainsi la société est bien un composé, une agrégation de familles; mais c'est un étrange projet de vouloir ne faire qu'une grande famille d'une infinité de petites, et c'est cependant ce qu'exécuta Lycurgue. Il abusa, pour ainsi dire, de l'importance qu'il attachoit à une bonne constitution domestique; il voulut enfin que sa république ne fût qu'une seule maison, *domus*; où les vieillards seroient regardés comme les pères ; où tous les hommes seroient regardés comme les époux ; où tous les enfans appartiendroient à tous ; où les femmes même pourroient appartenir à plusieurs, afin de pouvoir mettre au monde des enfans dignes de la grande famille ; où tous les esclaves, comme tous les biens, seroient la propriété de tous les maîtres, et où les repas, les exercices se prendroient en commun, et pour ainsi dire, dans la même salle, comme parmi des enfans de mêmes pères ; où les filles s'adonneroient aux mêmes exercices que les hommes, et comme des sœurs au milieu de leurs frères. C'est ainsi qu'il contraria sans cesse la nature, pour l'avoir outrée en voulant trop l'imiter, et qu'il anéantit la puissance domestique particulière, pour avoir voulu en faire une application trop générale.

Si l'on ajoute à cette idée que je hasarde ici et qui me paroît caractériser l'intention première de Lycurge, le projet de faire de sa grande famille une société capable de résister aux effets des circonstances dans lesquelles son peuple se trouvoit placé, on aura peut-être le complément de l'explication d'un gouvernement aussi bizarre. Cette position expliquera à son tour comment il fut amené à ne vouloir former qu'une famille d'un peuple entier ; c'est ce qu'il est aisé de prouver.

En effet, les Lacédémoniens habitoient un pays qu'ils avoient conquis; ils en avoient réduit les habitans en esclavage; peu nombreux, comparés au peuple vaincu, ils devoient se rapprocher le plus possible entre eux, manger, vivre, habiter ensemble, ne former qu'un corps toujours armé, et présenter sans cesse l'appareil imposant de la force aux yeux d'un peuple désarmé, sur lequel ils devoient être prêts à tomber en masse, au moindre soupçon, et qu'ils devoient massacrer à la moindre crainte, sans regret, sans remords, et uniquement pour leur propre sûreté. A la différence des autres peuples, des Athéniens par exemple, qui, achetant leurs esclaves et les employant à leurs manufactures, n'avoient garde de s'en priver en les égorgeant. Par une conséquence nécessaire, l'éducation des Lacédémoniens devoit être toute militaire; les femmes devoient également partager les exercices, s'accoutumer à la fatigue, renoncer aux foiblesses de leur sexe, à la voix du sang, pour mettre au monde et n'élever que des guerriers, et pour être elles-mêmes en état de grossir le trop petit nombre des combattans; il falloit les mettre à même d'étouffer, au besoin, le cri de la nature et la tendresse maternelle, pour les obliger à faire périr en naissant des enfans foibles ou trop mal conformés pour être soldats, et les faire renoncer à avoir une famille, pour ne tenir qu'à la grande qui composoit leur patrie; oublier qu'on étoit mère, pour ne se souvenir que de sa qualité de membre de l'Etat; enfin, faire disparoître tour à tour des affections naturelles, et en avoir de factices; voir, je le répète, un aïeul respectable dans chaque vieillard, un père ou un époux dans chaque homme fait, un frère dans chaque individu de son âge, un serviteur dans chaque esclave; n'avoir qu'un lieu fixe, commun à tous, pour y prendre ensemble et ses exercices et ses repas, et que ce lieu fût un camp....

Tels sont les grands traits que présente la constitution de Sparte; qu'elle ait été ou non organisée par Lycurgue; qu'il l'ait imitée des Crétois, ou qu'elle ait été plutôt le produit du besoin et des circonstances. Il me semble qu'envisagée sous ce rapport, elle peut expliquer à la fois et l'enthousiasme de ceux qui la regardoient comme le plus beau modèle de toutes les constitutions, et les critiques de ses détracteurs chez les anciens et les modernes, et justifier ensemble et la prévention des *Lacomanes*, et les attaques de leurs antagonistes.

D'un côté, rien n'est si beau en théorie que l'idée de ne faire d'une société, ou d'un peuple qu'une vaste famille, de donner à cette nombreuse agrégation d'hommes, les mêmes moyens de cohésion, d'unité et d'ensemble qui caractérisent cette agrégation d'individus formée par la nature, et d'imiter en grand ce que celle-ci forme tous les jours si heureusement en petit. Quelle supériorité ne devoit-elle pas donner aux Spartiates, lorsqu'on compare leur amour pour la patrie avec ce même sentiment chez les autres peuples de la Grèce! Le patriotisme des uns ne leur paroissoit qu'un vain nom qui couvroit le plus souvent des intérets privés, des affections particulières, l'esprit de quelques factions ou de quelques hommes; au lieu qu'à Sparte, toutes les ambitions, tous les intérêts tendoient tous au but commun, la prospérité et la gloire de la patrie, qui étoit la seule et unique famille, la seule faction, le seul parti pour lequel on pouvoit s'enflammer. Toutes les vertus domestiques devoient naturellement découler d'une constitution purement domestique; la discipline militaire renforçoit encore d'un côté l'autorité, et de l'autre, l'obéissance; le respect pour les vieillards, la soumission aux chefs, la frugalité, la tempérance, le courage, toutes les vertus étoient portées à un degré qui devoit leur donner des partisans parmi les hommes les plus probes, les plus austères, les plus vertueux chez toutes les nations. Aussi parmi une infinité d'autres que nous pourions citer, Xénophon parmi les Grecs, et Mably parmi les modernes, rendoient une espèce de culte à la constitution de Lacédémone.

On a comparé leur constitution à une institution monacale à la fois et guerrière; mais des moines ne se perpétuent pas; ils ne subsistent qu'en se recrutant sans cesse, et les admirateurs de Lacédémone ont eu beau jeu à faire voir la fausseté de cette comparaison; car même des moines armés comme les chevaliers de Malte, ne ressemblent guères à des Spartiates. Ceux-ci ne peuvent regarder comme leur patrie, le rocher sur lequel ils vivent, et ne peuvent avoir aucune des affections qu'avoient ceux-là; ils ont bien à peu près fait abnégation de leur famille, il est vrai ; mais ce n'est pas pour s'en donner une nouvelle, et porter dans celle-ci les sentimens auxquels ils ont renoncé pour la leur propre. Le patriotisme qui étoit une suite de cette organisation, avoit tant de force à Sparte, que les rois qui, par-tout ailleurs, ont abusé de leur puissance et ont envahi l'autorité, élevés comme le reste des citoyens, se sacrifioient, comme le fit Agis, pour le salut de l'Etat.

Tels sont à peu près les éloges donnés par leurs admirateurs, tout aussi vrais que les reproches de leurs détracteurs étoient fondés : ceux-ci les accusoient avec raison de renoncer aux premiers sentimens de la nature, de permettre l'infanticide, la communauté des femmes, de tendre des embûches à leurs esclaves, de les attaquer, de les massacrer sans défense ; d'exposer sans pudeur leurs filles nues aux regards de tous les jeunes gens ; de les faire se livrer aux mêmes exercices qu'eux, et, par cet exercice, de leur faire perdre cette mollesse de fibres si utiles à la procréation, pour laquelle elles sont destinées ; de les dépouiller de toute honte, de toute pudeur, pour acquérir cette audace qui les caractérisa, et qui alla jusqu'à les faire insurger contre l'autorité, sans leur donner ce calme, cette fermeté du courage si utile dans les combats; d'avoir fait naître chez elles par cette éducation, une opinion de leurs forces et des prétentions, qu'elles justifièrent si mal lors du siége de leur ville par Epaminondas. L'histoire dit qu'elles mirent le trouble dans tous les rangs, et furent une des principales causes de la perte de Lacédémone.

Nous n'avons pas le projet de faire ou la critique ou l'apologie de la constitution de Sparte, mais seulement d'expliquer la cause de ces oppositions si frappantes: elle tient à cette volonté première du législateur d'avoir tracé l'organisation de tout un peuple sur le plan d'une grande famille. Ses avantages, ses défauts viennent tous ou de la beauté, ou de l'extravagance de cette conception; tout ce qu'on leur reproche, tout ce qu'on leur attribue de vertus, d'héroïsme, de crimes, d'atrocité, n'en est que le résultat nécessaire. C'étoit parce qu'on n'avoit pas besoin de pudeur, que l'on blessoit la pudeur même; pour n'aimer que la patrie, qui étoit l'épouse commune, on renonçoit à posséder, à aimer sa femme, avec qui on ne pouvoit lui donner de défenseurs, et on la cédoit à un autre plus heureux, qui pourroit, avec elle, grossir le nombre des enfans de l'Etat. Enfin, le patriotisme n'étoit pas chez eux ce qu'il doit être et ce qu'il a été chez tous les peuples libres et sages, le résultat des sentimens de père, d'époux, de fils, de propriétaire et de maître, dont se compose un sentiment combiné, qui nous fait aimer la constitution qui nous garantit toutes ces jouissances, mais plutôt un sentiment exclusif qui faisoit renoncer à être époux, fils, père, maître, possesseur, pour ne voir dans la patrie que la seule épouse, la seule mère, la seule maîtresse, la seule propriété reconnue.

Cette grande famille devoit ne point se mêler avec aucune autre, à peu près comme les familles juives; mais Moïse avoit ordonné et une opération distinctive, dès la naissance, et l'abstinence de certaines viandes, et la fidélité à des rites, à un culte, à une croyance. Il avoit eu la sagesse d'appliquer toutes ces lois à chaque petite société appelée famille, accoutumée depuis long-temps à vivre parmi des étrangers, bien assuré que quand même elles seroient violées par une ou plusieurs d'entre elles, leur effet ne seroit pas général et ne s'étendroit pas sur toutes les autres; au lieu que Lycurgue exigea cette séparation de sa société entière ; aussi, à peine ces lois furent-elles violées par un seul individu, que toute la masse fut viciée. Le législateur des Spartiates leur avoit interdit les voyages, et permis le séjour des étrangers dans leur ville à certaines époques seulement, et pour peu de jours (1), tant ce contact lui paroissoit dangereux pour son peuple ! Aussi à peine Pausanias, qui avoit demeuré chez les Perses, en eut-il pris les mœurs, que son exemple devint à l'instant contagieux ; à peine Léonidas, Lysandre et son armée ont-ils resté dans l'Attique, qu'ils en rapportent des habitudes qui préparent la ruine de la république. . . . .

De tous les peuples qui se sont rendus célèbres par leur puissance ou par leur durée, les Romains sont ceux chez lesquels l'organisation domestique étoit le plus fortement constituée : elle soutint ce peuple au milieu de toutes les variations, de toutes les vicissitudes qu'éprouva son gouvernement, et cela, non-seulement à Rome et dans l'Italie, mais au milieu des peuples conquis. Ceux-ci adoptèrent leurs lois domestiques, quelques-unes presque

---

(1) Voyez Cragius de rep. Lacédémon., etc.

en entier, d'autres, en les mêlant avec leurs lois féodales. Il seroit aisé de prouver que ces nations ont plus ou moins résisté à la barbarie, et conservé plus ou moins de liberté, suivant qu'elles ont plus ou moins retenu de ces lois.

Et d'abord le pouvoir du mari fut extrême à Rome, dans les commencemens de la république, comme il l'a été chez toutes les sociétés naissantes. Plus près de l'état de nature, elles n'avoient pu être modifiées par les institutions civiles. Les femmes étoient dans une tutelle perpétuelle, à moins qu'elles ne fussent sous l'autorité d'un époux. C'étoit à un tribunal domestique qu'elles étoient obligées de répondre. Voyez dans Tite-Live (1), l'usage que l'on fit de ce tribunal, lors de la *conjuration des* Bacchanales. Ce fut avec raison qu'on appela *conjuration contre la République* des assemblées où l'on corrompoit les mœurs des femmes et des jeunes gens. Par l'institution de Romulus, selon Denys d'Halycarnasse (2), le mari, dans les cas ordinaires, jugeoit seul

(1) Lib. XXXIX.
(2) Liv. II.

devant les parens de la femme ; dans les grands crimes, il la jugeoit avec cinq d'entre eux.

Les mariages y étoient, comme on sait, très-encouragés. La plus belle partie des lois civiles des Romains est relative au mariage. Des honneurs et des récompenses étoient attachés à cet état et au nombre des enfans. « L'homme marié qui avoit le plus d'enfans, dit Montesquieu, étoit toujours préféré dans la poursuite des honneurs ; consul, il prenoit le premier les faisceaux, il avoit le choix des provinces ; sénateur, il étoit censé le premier dans le catalogue des sénateurs ; il disoit son avis au sénat le premier. L'on pouvoit parvenir avant l'âge, aux magistratures, parce que chaque enfant donnoit dispense d'un an. Ceux qui n'étoient point mariés ne pouvoient rien recevoir par le testament des étrangers ; ceux qui, étant mariés, n'avoient point d'enfans, n'en recevoient que la moitié, ce qui a fait dire à Plutarque que les Romains se marioient pour être héritiers, et non pour avoir des héritiers. »

L'autorité des pères étoit excessive comme elle le fut chez tous les peuples, à leur origine ; ils avoient droit de vie et de mort sur leurs enfans. Tout ce que nous avons dit des

sociétés qui commencent, peut s'appliquer aux Romains; et les preuves de la puissance paternelle chez eux, sont si connues que les citations deviendroient parfaitement inutiles. De-là, le respect pour les vieillards, qui, sans être poussé aussi loin qu'il l'étoit à Lacédémone, étoit recommandé et observé; on étendoit même ces déférences pour les plus âgés; de-là dans les familles, les égards et l'espèce de soumission des cadets à l'égard des aînés. Cicéron a dit de Scipion « qu'il affectoit des dé-
» férences, et qu'il avoit du respect pour son
» frère aîné Quintus-Maximus, qui lui étoit bien
» inférieur sans doute, mais uniquement parce
» qu'il étoit son aîné, voulant, par cette con-
» duite, relever tous les siens, et les faire par-
» ticiper à sa grandeur. »

Rappeler que l'esclavage étoit établi chez les Romains, c'est prouver l'autorité des maîtres sur leurs serviteurs; ainsi, nous n'insisterons pas sur ce troisième moyen de puissance dans leur constitution de la famille.

---

(1) *Quintum vero Maximum fratrem, egregium virum, omninò sibi nequaquam parem, quod is antéibat ætate, tamquam superiorem colebat: suosque omnes per se ampliores esse volebat.*

(CIÇÉR. de Amicitiâ....)

Qu'il

Qu'il nous soit permis de suspendre un moment l'examen de la constitution domestique, chez les différens peuples, pour soumettre au lecteur quelques réflexions que cet examen a fait naître.

Si l'on considère avec soin l'immensité des rapports que présente *la famille*, on sera étonné du peu d'importance que paroissent lui avoir donné la plupart des écrivains politiques, et sur-tout du peu de place qu'elle occupe dans nos législations modernes, où elle paroît n'être qu'un appendice et un accessoire. Cependant, si l'on réfléchit que les trois quarts, peut-être les sept huitièmes des hommes qui ont existé ou qui existent, ne connoîtront ou n'ont jamais connu que ces rapports, on sera plus surpris encore de cette indifférence, et nos nouveaux législateurs s'empresseront de la réparer.

Je ne sais si je m'abuse, mais il me semble qu'une nouvelle division législative pourroit être admise, qui, à la fois plus naturelle et plus vraie, vengeroit la puissance domestique de l'espèce d'oubli dans lequel elle a été plongée, et lui rendroit toute l'importance qu'elle mérite. Ainsi on pourroit ranger les lois sous trois classes ; la première, que j'appellerois *code domestique*, renfermeroit les rapports réciproques et mutuels de père à fils, de mari à femme, de frères entre eux, de maître à serviteur, apprentis, ouvrier, des droits de sucession, testamens, héritages, etc., etc.; la seconde, qui seroit le code *civil*, si l'on veut, renfermeroit les rapports des citoyens entre eux, qui ne seroient point compris dans la division précédente; la troisième, enfin, qui seroit désignée sous le nom de *code politique*, traiteroit des rapports et de l'action réciproque du gouvernement sur la société entière, et de ses intérêts avec les sociétés étrangères. Il renfermeroit la constitution, la forme de gouverner, etc., etc.

On pourra sans doute faire des objections contre cette manière de classer nos moyens de direction dans les divers conflits d'intérêt que présentent les hommes réunis en société; mais, et ceci suffit au sujet actuel, elle assure une prééminence juste et bien fondée au code domestique sur les deux autres.

Cet examen de l'organisation de la famille, chez les nations les plus connues, conduit à cet autre résultat que nous n'avons qu'énoncé, et qui est tout aussi utile; c'est que la forme du gouvernement, et la constitution d'un peuple, et son organisation politique, assurent bien moins encore, et son bonheur, et sa durée, qu'une sage organisation domestique. Combien cette vérité bien sentie épargneroit, et de mouvemens et de révolutions! Je suis bien loin de penser assurément que le choix d'une constitution ou d'un gouvernement ne soit pas un objet important, mais on se convaincra qu'il est moins essentiel encore que de bonnes lois *domestiques*, dans la latitude que nous avons donnée à ce mot; et réciproquement, l'on trouvera que les vices de cette partie de l'institution sociale, ont contribué plus que les vices des gouvernemens mêmes, à amener le besoin de changement et les révolutions pour la plus grande partie des peuples. Si les lois servent en effet de lien ou de ciment aux diverses parties de l'édifice du tout social, en est-il de plus étendues, de plus puissantes, de plus communes à tous, que les lois relatives aux pères, aux époux, aux femmes, aux serviteurs, aux maîtres? est-il possible d'exister dans la société, sans y être sous un ou plusieurs de ces titres? Combien d'individus, au contraire, naissent, vivent et meurent, sans avoir ressenti, ou les vices, ou les mauvais effets de l'institution civile ou de la constitution politique de la société dont ils font partie.

Heureusement pour le peuple, l'esprit des lois domestiques est très-facile à saisir : la nature même les a écrites de sa main ; et les meilleurs qui aient été gravées depuis par nous sur la pierre ou l'airain, ont été les lois qui se rapprochoient davantage de celles qu'elle avoit dictées. Aussi avons-nous vu que le *code domestique* est celui que suivent les sociétés dans leur enfance : il est le premier et longtemps le seul. Les autres codes se sont formés quelquefois, ou sur ce modèle, ou à son image ; mais, à coup sûr, à ses dépens, et le code *civil*, et le code *politique* ont pour ainsi dire grossi leur domaine de tout ce qu'ils ont enlevé au premier : leur ressort s'est tellement étendu, que celui-ci a presque disparu du livre des lois, dans la plupart des sociétés vieillies ; et dans toutes, ses rapports, ont été extrêmement altérés.

Sans doute nous ne nous proposons pas de rétrograder jusqu'à l'enfance de la société ; et une infinité de circonstances et d'événemens ont dû modifier ce code, et en rendre la rédaction aussi différente que difficile pour les nations modernes : mais nous avons dû le prendre à son origine, en suivre les altérations ou les progrès, chez les peuples anciens, afin d'apprécier ce que nous devons conserver de sa première origine, et ce qu'il convient de retrancher de son ancien pouvoir, ou des moyens de remplacer ceux qu'il a perdus. Ainsi l'excès de *puissance domestique*, qui donnoit droit de vie et de mort aux pères, convenoit dans ces premiers temps, où la famille formoit toute la société. Le père devoit à la fois tenir lieu de gouvernement et de tribunal, de législateur et de juge; et ceux-ci ont dû conserver encore le même pouvoir, dans les premiers temps de leur réunion en corps de peuples. Mais la société, en devenant plus nombreuse, a dû sentir la nécessité d'établir des lois, d'avoir des chefs à qui seuls fût remis le droit de les faire exécuter; et c'est à cette époque de l'âge social, que les pères furent à peu près par-tout dépouillés d'une partie de ces droits, et qu'on en investit la société entière. Aussi voit-on Moïse ôter aux pères le droit de vie et de mort sur leurs enfans, établi avant lui chez les Hébreux; aussi affoiblit-on l'autorité maritale: on laisse subsister, il est vrai, le tribunal domestique, mais ce n'est que pour juger les délits les moins graves; et pour les autres, tels que l'adultère, on en attribue la connoissance au tribunal public.

Mais certes, ce seroit étrangement abuser des lois de l'analogie, de conclure que, plus une civilisation est avancée, et plus on doit diminuer la *puissance domestique*, au point que lorsqu'un peuple est parvenu au dernier degré de civilisation, cette puissance doive devenir nulle. C'est poutant là que nous sommes parvenus, en France, au moment où j'écris; et il importe de faire sentir que le défaut de ce pouvoir, mille fois plus dangereux que son *excès*, améneroit la dissolution de la société; il importe de tracer la ligne qui doit séparer de la puissance *domestique*, la puissance *civile* et *politique*, de manière à conserver à chacune d'elles les attributions qui leur sont propres. Ne perdons pas de vue que les deux dernières ne sont qu'une émanation de la première, qui les renfermoit toutes, dans les premiers temps, et qu'elle pourroit, au besoin, tenir lieu de toutes, quoiqu'aucune des autres ne puisse en entier remplacer celle-ci.

Les progrès de l'industrie, l'emploi mieux évalué du temps et des hommes, l'appréciation du travail et des fonds, et sur-tout l'abondance des signes de la richesse et leur circulation, ayant banni pour jamais l'esclavage du milieu des nations civilisées (car c'est moins par humanité que par calcul, qu'il a été proscrit); le législateur ne pouvant aujourd'hui s'appuyer de l'enthousiasme du sectaire, pour donner de la force à ses institutions, il est nécessaire qu'il ait d'autres moyens d'action; et le plus puissant ressort qu'il puisse mettre en jeu, est premièrement, comme nous croyons l'avoir démontré, la liberté donnée à chaque père de disposer de sa propriété, presque en entier et à son gré, en faveur de tel ou tel enfant. Dans un siècle où l'intérêt est le seul mobile des hommes, il importe de faire tourner la cupidité même au profit des mœurs et des lois; cependant nous ne voulons pas dissimuler que ce moyen, souvent mis en usage chez les peuples dont nous avons parlé, pour accroître la puissance domestique, a plus souvent encore eté négligé ou même contrarié: mais ces peuples en avoient tant d'autres, que, quand même ils eussent mal appliqué celui-ci, la puissance domestique eût été également maintenue; et ces exemples ne pourroient point faire un argument contre notre systême.

Nous convenons qu'à suivre le droit de succession chez la plupart des peuples que nous avons cités, il paroît modifié beaucoup plus par la puissance *civile* ou *politique*, que par la puissance *domestique.* Ainsi le droit de disposer et de tester, chez les Hébreux, étoit dirigé par la puissance politique..... La terre que vous habitez, dit le législateur, appartient au seigneur ; tout ce qu'il vous en laisse, n'est que la disposition et l'usage momentané..... Un pareil législateur pouvoit, à son gré, décider que toute dette étoit éteinte, lors de l'année jubilaire ; qu'à cette époque, les créanciers étoient acquittés, les esclaves, libres, affranchis, et que les terres vendues revenoient à leurs premiers propriétaires.

Ainsi, chez les Romains, les lois dictées par Romulus, Numa, Servius Tullius, relatives aux successions, ne reconnoissoient d'autres héritiers que les enfans qui vivoient sous la dépendance du père, qu'on appelle *héritiers-siens*, et à leur défaut, les plus proches parens par mâles, qu'on appelle *agnats.*

Ainsi, dans les premiers temps, il n'étoit pas permis de faire un testament ; c'eût été troubler, par une volonté particulière, une loi *dérivant de la constitution :* mais il fut permis de disposer de ses biens, dans une assemblée du peuple, et le testament devint un *acte de la puissance publique.*

Dans la suite, les assemblées devenant moins

fréquentes, on permit de faire le même acte devant cinq témoins, qui sembloient représenter les cinq classes du peuple qui possédoient quelque chose. La loi des douze tables permit de choisir tel héritier que l'on voudroit, même au préjudice des enfans; et c'est ce qui ruina peu à peu la disposition politique sur le partage des terres, et introduisit l'inégalité des propriétés, si dangereuse dans une petite république, purement agricole et sans industrie. Aussi, dans les temps même de la plus grande frugalité, le peuple demandoit-il une nouvelle distribution de terres.

Enfin, sous les empereurs, tout le systême sur les successions fut changé. Justinien ne reconnut que trois ordres d'héritiers; les descendans, les ascendans et les collatéraux.

Ainsi les anciennes lois d'Athènes défendoient de tester. Solon le permit, mais seulement à ceux qui avoient des enfans. C'est pour avoir voulu diriger les lois de succession, d'après la puissance politique, que les Spartiates éprouvèrent les mêmes inconvéniens que les Romains. Les femmes parvinrent à avoir la plus grande partie des héritages; les *épiclères* ou héritières possédoient les deux tiers des biens; et lorsqu'Agis voulut restreindre leurs droits, il lui en coûta la vie. L'audace que devoit inspirer à ces femmes le genre d'éducation qu'elles recevoient, dût marquer la différence qui dût se trouver entre celles-ci et les Romains, dont la loi Voconienne avoit également diminué les droits.

Cette variation dans les lois domestiques de ces peuples, quant à la disposition de la propriété, a été à l'infini : mais ce grand moyen de puissance domestique, le seul qui reste aux nations modernes, et qui s'est étendu avec les richesses ; ce moyen étoit presque indifférent, je le répète, pour des peuples qui en avoient tant d'autres pour renforcer cette puissance.

Suivons, chez les nations modernes, les mouvemens, les diverses altérations de ce pouvoir, nous trouverons que ce n'est pas un des moins intéressans chapitres de l'histoire sociale, quoique peut-être un des plus ignorés.

CHAPITRE VI.

Examen de l'organisation domestique chez les peuples modernes. Résultats. Récapitulation.

Si nous appliquons notre théorie aux nations modernes, elles nous présenteront les mêmes résultats ; par-tout où la puissance domestique jouit de son énergie, la société entière se ressent de cette vigueur et de sa durée. Nous parlerons d'abord des Chinois, que leur existence, prolongée à travers tant de siècles, pourroit faire ranger parmi les anciens.

En Chine, l'autorité des pères est le droit le plus respecté, et la piété filiale y est le plus saint des devoirs (1). « C'est la racine des vertus, » dit Confucius, la source de l'enseignement, » la loi éternelle du ciel, la justice de la terre, » le point d'appui de l'autorité ; le premier

(1) L'Hiao-king. Voy. Zoroastre, Confucius et Mahomet, comparés comme sectaires, législateurs et moralistes. P. 159 du cit. Pastoret.

» lien social est la mesure de tout mérite.
» L'homme est ce qu'il y a de plus noble
» dans l'univers, et la piété filiale, ce qu'il
» y a de plus grand dans l'homme. »

D'un, côté les crimes des enfans envers leurs pères y sont rigoureusement punis ; de l'autre, et c'est une remarque précieuse, on punit *les pères pour les fautes de leurs enfans.* Comment, en effet, après avoir donné tant d'autorité aux pères, ne s'en prendroit-on pas à eux des torts de leurs fils envers la société ? Quel puissant moyen de tranquillité pour l'Etat entier, ne doit pas offrir une pareille institution ; et que de surveillance, que de lois de police, que de magistrats ne sont pas suppléés par cette loi !

Mais comme le père peut venir à manquer à la famille, il importe qu'il y ait sans cesse au milieu d'elle un individu qui puisse le remplacer à sa mort, et le législateur a voulu que le plus âgé des enfans prît sa place ; il a préparé les plus jeunes à la soumission envers leurs aînés. Parmi les cinq grands devoirs qui lient les hommes, Confucius distingue principalement ceux du frère aîné et du frère cadet ; il ordonne à ceux-ci d'honorer leurs aînés. « Manquer de respect à ces derniers, c'est

» d'abord violer envers eux l'ordre établi par » le ciel, et ensuite les mettre dans le cas de » ne prendre, à leur tour, aucun soin de » leurs cadets, et de n'avoir pour eux ni » compassion, ni tendresse. » Le temps n'a pas changé ce devoir de soumission d'un frère envers l'autre ; aujourd'hui encore, dès que le père et la mère sont morts, l'aîné entre dans tous les droits de la paternité, et ses cadets lui doivent le même respect que s'il étoit véritablement leur père (1).

Nous avons vu que Lycurgue avoit modelé la constitution de son peuple sur la constitution d'une famille : à la Chine, l'autorité de l'empereur est modelée sur l'autorité du père. Ainsi, tout despote qu'est ce prince, il est obligé de tempérer sa puissance par la douceur qu'il met à l'exercer ; c'est ce qui caractérise cette espèce de gouvernement. On conçoit qu'un peuple qui donne à son prince la puissance d'un père, laisse aux pères, dans chaque famille, la plus grande latitude de pouvoir. Les mandarins, qui exercent le même pouvoir, en son nom, sont responsables de

---

(1) Mémoires concernant les Chinois.

certains délits qui se commettent dans leurs provinces, comme on voit les pères punis des fautes de leurs enfans. S'il arrive, par exemple, un soulèvement dans une province, le vice-roi en est responsable : « C'est » sa faute, dit-on, il a opprimé les peuples, » ou il les a laissés opprimer par ses lieute- » nans. Quand un peuple est gouverné par » des maîtres équitables, il n'est point tenté » de secouer le joug (1). »

« Le pouvoir des pères, dit le même auteur, » est absolu ; quelque âgé que soient les en- » fans, et de quelques charges qu'ils soient » revêtus, il sont soumis à l'autorité et à la » justice paternelle ; le pouvoir des mères n'est » pas moins étendu : une mère peut faire » donner la bastonade à son fils, fût-il man- » darin. Ce respect filial est en telle recom- » mandation, qu'un empereur ayant exilé sa » mère à cause de ses galanteries, fut forcé » par ses sujets de la rappeler, etc. »

« Après l'obéissance filiale, rien n'est plus » sacré chez les Chinois que l'obéissance envers » l'empereur, ou plutôt, ces deux devoirs sont

---

(1) Histoire moderne des Chinois, Tom. 1. P. 210.

» si étroitement liés ensemble, que ces peu-
» ples n'en font presque point de distinctions.
» La rébellion est punie chez eux des mêmes
» peines que le parricide. Les Chinois donnent
» communément à leurs magistrats le nom de
» père et de mère, et à l'empereur celui de
» grand-père du peuple (1).

L'autorité du père annonce *toujours la puissance de l'époux*; aussi ce dernier pouvoir est extrême chez ces peuples; l'adultère y est sévèrement puni: on sait comment les femmes y sont resserrées. On se marie sans avoir vu celle qu'on prend, et les mariages se font par l'entremise des matrônes. Les femmes n'ont point de dot; au contraire, le mari est obligé de faire des présens aux parens de la femme qu'il prend. Il seroit aisé de multiplier les citations; mais les relations de voyages chez ces peuples sont assez connues; la bizarrerie de la plupart de leurs habitudes, de leur manière de vivre ont assez piqué la curiosité, souvent sans la satisfaire, pour avoir ramené l'attention sur ces Asiatiques. On suppléera donc aisément aux preuves que nous ne cu-

---

(1) Idem *loc. cit.* Page 220.

mulons pas ici, sur-tout pour une vérité déjà démontrée, qui est que l'autorité paternelle ou la puissance domestique est au plus haut degré chez une nation dont tout nous annonce le bonheur, et celle dont la durée remonte à la plus haute antiquité. . . .

De tous les peuples modernes, les Turcs sont ceux chez lequel la puissance domestique est peut-être la plus curieuse à examiner. Le despotisme du sultan, fondé sur les opinions religieuses, a dû anéantir tout autre pouvoir; et s'il est vrai, comme nous l'avons prouvé, que ceux-ci ne sont qu'une émanation de l'autorité domestique, il est manifeste que là où le despotisme religieux a tout enlevé, il n'est rien resté au pouvoir domestique. On peut considérer ce dernier dans le sens *absolu*, c'est-à-dire aussi *dépouillé* qu'il peut l'être par *l'effet des lois du pays*; nous considérerons ensuite les modifications apportées *par le fait* à des lois aussi monstrueuses, modifications qui conservent encore parmi le peuple la plus grande partie de l'autorité domestique.

Sans multiplier les citations sur les mœurs, les usages et les lois domestiques de ce peuple, qu'on peut lire dans leur histoire, dans les voyages, les lettres, les mémoires de Tournefort,

nefort, Ricaut Cantemir, etc., il suffira de compter chez eux, parmi les vices de leurs lois domestiques, 1°. la pluralité des femmes, dont le nombre est restreint par la loi à quatre, mais augmenté par celui des concubines; celui-ci n'est uniquement borné que par la quantité qu'on peut en nourrir; l'effet de cette loi est d'abord de détruire les vrais rapports qui existent de l'homme à la femme, de dégrader celle-ci au point d'en faire plutôt une esclave, jalouse de séduire un maître, qu'une compagne contribuant à ses plaisirs et partageant ses sollicitudes. 2°. La facilité des séparations et du divorce affoiblit encore la force des liens entre les deux époux, et la faculté accordée à la femme de provoquer cette séparation, diminue même l'autorité maritale, qui, sous d'autres rapports, se trouve excessive. On lit dans leur histoire (1): « La coquetterie et » l'intérêt produisent chez eux des divorces; » lorsqu'un homme riche et puissant veut » enlever une belle femme, mariée à un par- » ticulier sans protection, il en trouve aisé- » ment les moyens: une de ces vieilles ma-

(1) Histoire moderne de Marsy. (Turcs) tom. 271.

» trônes, qui s'insinuent dans tous les serrails, » va trouver cette femme, l'instruit des des- » seins de son amant, et lui persuade de de- » mander aux juges une séparation. L'infidèle » épouse paroît devant le Cadi, et produit » deux témoins subornés, qui certifient que » son mari la maltraite, ou qu'il lui refuse » les choses nécessaires pour son entretien; » le magistrat, gagné par les présens, pro- » nonce la sentence du divorce, et quelques » jours après, cette femme épouse l'homme » opulent qui l'a séduite. » Ainsi voilà un vice modifié, corrigé par un vice plus monstrueux encore.

Peut-on penser que les rapports naturels de père à fils, et des enfans entre eux, soient conservés dans un pays où ceux de mères différentes naissent tous rivaux, où les liens du sang sont nuls pour le père, qui souvent ne vit jamais avec ceux à qui il donna le jour; où l'aîné de la seule famille privilégiée, celle du sultan, montant sur le trône, se croit si souvent obligé de sacrifier tous ses frères à sa sûreté; où le chef de la religion approuve ces parricides (1); où les héritiers présomptifs,

(1) Voyez leur histoire,

traités comme les plus dangereux ennemis, sont enfermés, et ne voyent le prince régnant qu'à des époques et avec des formalités qui annoncent la haine d'une part, et de l'autre, la méfiance et la contrainte (1).

Enfin, le peu de respect accordé au droit de propriété, en général, et au droit de succession, dans un pays où le despote s'approprie la plus grande partie de ce qui a échappé à l'avidité de ses bachas, peut-il présenter quelque moyen de puissance à l'autorité domestique....

L'anarchie la plus complète et la plus générale seroit une suite naturelle de l'anéantissement de la première des autorités; mais d'abord la puissance politique la supplée,

---

(1) On dit qu'à certains temps de l'année, les princes sont admis à embrasser le sultan, tenus par des officiers qui tout à la fois les empêchent d'abuser de cette approche, et les préservent eux-mêmes d'en être la victime. On assure que le grand seigneur d'aujourd'hui est le seul qui n'ait pas éprouvé un pareil traitement. Selim III a été élevé auprès de son oncle, auquel il a succédé, et qui n'a pas employé, à son égard, la politique cauteleuse et cruelle de ses prédécesseurs. Les changemens que ce jeune sultan cherche à introduire dans son empire, annoncent une éducation moins vicieuse que celle à laquelle ont été condamnés les princes de sa race.

et retient tout dans l'ordre ou du moins dans le repos. « Quant à la police, dit Tournefort, on » doit convenir qu'elle est admirable. Si un » boulanger vend à faux poids, on le tient » pendant vingt-quatre heures cloué à la porte » de sa boutique, par une oreille. . . . . On » peut, en toute sûreté, envoyer un enfant » au marché. Les officiers de police l'arrêtent » quelquefois pour examiner le poids et la qua- » lité des choses qu'on lui a vendues ; et s'ils » s'aperçoivent qu'il a été trompé, ils con- » damnent le marchand à l'amende ou à la bas- » tonnade. . . . Si l'on trouve un corps mort » dans les rues, les plus proches voisins sont » condamnés à *payer son sang*, suivant le lan- » gage des Turcs, à moins que l'auteur du » meurtre ne soit arrêté. Cette loi sévère fait » que chacun évite les querelles, et s'empresse » d'appaiser celles qui s'élèvent dans son voi- » sinage. »

Ainsi, dans ce gouvernement, la *puissance domestique* n'est rien, et la *puissance politique* tout. Celle-ci comprime de son poids et retient à leur place des parties, qui, manquant de ce premier ciment, s'écrouleroient de toutes parts. L'autorité du despote semble avoir tellement redouté les effets de la tendresse conjugale et de l'autorité paternelle, qu'elle a placé dans chaque famille des moyens sûrs d'en relâcher les liens; la pluralité des femmes semble n'être permise que pour prévenir l'action d'une union unique et durable: là, chaque femme ayant à redouter l'ascendant que pourroit prendre une rivale, emploie à faire détester celle-ci, tout l'art de la séduction et de l'intrigue, qui n'ont pu réussir à la faire aimer elle-même; les enfans partagent les torts et la défaveur, et les inimitiés de leur mère; et le père, abreuvé de soupçons, de jalousie, de dégoût, finit par la plus parfaite indifférence, et sur ces dissentions, et sur ces rivalités, et sur les individus qui en sont l'objet.

Le despotisme portant plus loin les soins cruels de son impie prévoyance, isole encore le père des enfans par leur manière de vivre, et en les empêchant de tenir à lui par l'espoir des récompenses, après sa mort. Celui-ci ne peut tester qu'en faveur du prince: le père n'a rien à donner, le fils n'a rien à attendre; tout appartient au sultan, et ce n'est que pour l'intérêt de sa cupidité même, qu'il se contente d'une portion seulement, d'un héritage qui seroit moins considérable encore, s'il vouloit se l'approprier sans partage.

Sans doute, le despotisme n'a pas songé à ces cruautés de détail, en établissant son empire aussi absolu qu'irréfléchi ; mais les résultats n'en sont pas moins vrais, et il s'est tellement placé par-tout sur les débris de l'autorité domestique renversée, que là où celle-ci a conservé encore quelque empire, le despotisme n'est pas aussi absolu, comme nous l'avons vu chez les Chinois, où, par une fiction de la loi même, l'autorité du père trasportée à l'empereur, accroît et tempère à la fois la puissance même du despote.

Cet ordre de choses est si monstrueux qu'il ne pourroit durer long-temps nulle part ; et malgré la puissance hiérocratique du sultan, il seroit impossible que celle-ci pût subsister, en foulant aux pieds la première des institutions, en étouffant par-tout les plus doux sentimens de la nature ; mais heureusement pour le despote même, les lois ne sont en vigueur, par le fait, que pour une très-petite portion de son peuple. Ce sont les grands, les riches seuls qui peuvent abuser ou profiter des vices d'un pareil système de lois domestiques. Comme on n'a de femmes qu'autant qu'on peut en nourrir, le pauvre ne peut en nourrir plusieurs, et les effets de la polygamie sont bornés uniquement à ceux qui sont assez riches pour en user.

Aussi le plus grand nombre d'hommes étant ou pauvres ou peu aisés, le plus grand nombre aussi n'a qu'une femme, et l'autorité maritale étant dans toute sa force, la femme intéressée à plaire à son époux, en fait son unique étude, et y réussit presque toujours. La manière de vivre de ces peuples, où chaque famille est isolée, contribue encore à éloigner tout sujet de mésintelligence ou de désunion entre eux, et réellement, le bonheur domestique doit exister pour le plus grand nombre des Turcs.

J'ai été à même de me convaincre de la vérité de ces résultats par un excellent mémoire envoyé par un des agens de la république (1), en réponse à des *questions d'économie politique sur la Grèce*, qui avoient été provoquées par le ministre des relations extérieures, toujours empressé à favoriser, dans son département, le progrès des arts et des sciences, et que je crois pouvoir citer sans indiscrétion : « L'autorité des parens sur leurs enfans est absolue en Turquie, par le droit ;

---

(1) Le cit. Félix, consul de la rép. à Salonique.

mais elle est bien tempérée par la tendresse paternelle ; la vie retirée et patriarchale que l'on mène dans le pays est la cause de cette union intime qui règne dans les famillès. »

« Le plus grand des bonheurs, pour une mère, est d'avoir des enfans, le plus grand des malheurs est de les perdre ; la jouissance la plus douce pour un père, celle qui lui est permise à chaque instant de sa vie, est celle des enfans ; tout le jour à ses affaires, n'ayant d'autres jouissances que celles de sa famille, rien ne lui est plus cher que des enfans. Il est sûr d'en être le père ; comment ne les aimeroit-il pas ? Mais cet amour n'est souvent que foiblesse, complaisance, crainte de déplaire, prévoyance de tous les désirs, de tous les caprices. Les pleurs d'un fils sont un tourment ; ses ris sont une fête ; ses sottises, de l'esprit ; ses coups, des caresses ; ses volontés, des ordres ; ses cris sont la clef de tous ses désirs. »

« L'homme a la plus grande autorité sur sa femme ; il a un degré de connoissance qui lui donne une supériorité sur elle ; il semble qu'en aimant sa femme, il l'honore, et qu'il l'élève à lui, en consentant à lui donner des lois. La femme n'est au fonds, que le premier domestique de l'homme, aussi son plus grand soin est d'étudier et de prévenir les désirs de son époux; mais sa souplesse, sa docilité, ses foiblesses même, lui redonnent une partie de l'ascendant qu'elle ne peut obtenir par son sexe; le mari est maître de ses volontés, la femme de ses fantaisies; le mari commande pour l'ordre, la femme pour le plaisir; le mari a toute l'autorité, la femme toute l'influence: la stérilité ou une lente fécondité est la seule chose qui puisse troubler l'harmonie. »

« L'homme a ici tous les soins de la société domestique, mais il en a aussi toutes les douceurs; il sort le matin, se répand dans les ateliers, parcourt les marchés et les places publiques, étale par-tout sa marchandise, ou achete celle d'autrui; mais dès que le soleil a disparu de l'horizon, il rentre chez lui; sa femme vient le recevoir sur le seuil de la porte; prend sa main, en signe de respect, la baise, la porte à son cœur, et le conduit ainsi jusques dans son appartement, où elle le dépouille de ses habits, lui lave les pieds, le parfume d'essences, lui donne des habits nouveaux, le sert à table, l'égaie par ses chants, et le flatte par ses caresses. On diroit que l'homme distribue ici le bonheur, ou plutôt que toute l'humaine félicité se rapporte à lui : quand il entre dans l'appartement de sa famille, une douce joie se répand sur toutes les physionomies ; cette joie précède l'homme par-tout, et quelque part qu'il se trouve, il voit par-tout des cœurs contens et des visages satisfaits. On a dit que la France étoit le paradis des femmes : céla peut être ; mais ce qu'il y a de sûr, c'est que la Turquie est le paradis des hommes. »

Il avoit dit, quelques pages avant : « Les vertus domestiques, chez les Juifs, sont à leur *maximum* ; les pères et les mères meurent pour leurs enfans ; l'épouse idolâtre le mari, et le mari l'épouse ; le frère aîné le frère à l'égal de lui-même. »

Si des peuples que nous venons de citer, nous portons nos regards sur des nations ou plus anciennes ou plus modernes encore, nous apercevrons sans peine, que celles chez lesquelles l'autorité domestique est le plus respectée, sont aussi celles qui jouissent ou de plus de liberté, de puissance, ou de bonheur.

Les Anglais, ce peuple qu'il faut bien distinguer de son gouvernement, quand on veut le juger, les Anglais, nos ennemis sans doute, mais à qui nous rendrons toujours justice, jouissent chez eux de tous les avantages de la *puissance domestique.*

Et d'abord la prééminence de l'homme est marquée jusques dans les expressions qui servent à le désigner lui et sa compagne. « Dans nos » vieux auteurs, dit Blackstone, le mari sap- » pelle toujours *baron*, titre qui emporte l'idée » de maître ou de seigneur, et l'épouse se » nomme *feme* (1); » et qu'on ne croye point que c'est une simple dénomination, indifférente au fond; je ne la cite que parce que les lois relatives au mariage, en Angleterre, ne sont qu'un développement de cette distinction entre l'homme et sa femme: en effet, l'existence *légale* de celle-ci est pour ainsi dire suspendue pendant le mariage; elle fait *tout sous les ailes, sous la protection, sous le couvert du mari* (2).

« Lorsque le mari ou la femme contractent » un crime ensemble, la femme n'est point » réputée auteur, ni complice. On présume

---

(1) Most of our elder law books, calls them of *baron* and *feme*. (on the Laws. p. 433, vol. 1.

(2) Under whose whing, protection, and *cover* she performs every thing. Id, *loc. cit.*

» qu'elle a été forcée par son mari, d'agir » comme elle a fait (1). »

On croira sans peine que de pareils *époux* ont le droit de disposer de leurs propriétés comme *pères*. « Ils peuvent donner tout à l'un » de leurs enfans, au préjudice de tous les » autres (2). »

Et qu'on ne croye pas que ce soit une loi ancienne peu maintenue, et tombée, pour ainsi dire en désuétude; la faculté de disposer de ses biens est au contraire un droit que le peuple a cru devoir se donner, et qu'on peut regarder presque comme nouveau. « Jusqu'aux temps » modernes, dit Blackstone, un homme ne » pouvoit disposer que du tiers de ses biens- » meubles au préjudice de sa femme et de ses » enfans; et en général, jusqu'à Henri VIII, » il ne lui étoit pas permis de disposer de » ses biens, terres, fonds; à cet époque, il ne » disposa même que d'une certaine portion. » Ce ne fut qu'après la *restauration* que le » pouvoir de disposer de sa propriété fut aussi » étendue qu'il l'est aujourd'hui (3). »

---

(1) Art. Justice. Encycloped.

(2) Id. *loc. cit.*

(3) Blackst. the rights of things. 2 vol. p. 12.

Quelle leçon, quel exemple pour nous ! Et c'est à la même époque qu'eux, que nous réduisons que nous annihilons au contraire cette faculté parmi nous !

« Les pères peuvent distribuer à leur gré » leur bien entre leurs enfans, et même donner » tout à l'un d'eux, au préjudice des autres ; » et quand il n'y a pas de testament, l'aîné » ne donne aux puînés que ce qu'il veut (1). »

Le divorce est permis en Angleterre, mais il y est rare, et la société se fait justice comme chez les Anglo-Américains, de ceux qui ont abusé ou même usé de la faculté que la loi accorde.

L'autorité des maîtres sur les serviteurs est dans toute sa force en Angleterre ; l'on pourroit s'en convaincre seulement à l'air d'attention, de soumission et de respect des valets anglais vis-à-vis de leurs maîtres; leur promptitude à obéir, les formes humbles qui caractérisent leur service, m'ont toujours singulièrement frappé ; elles produisaient à mes yeux un contraste que je ne pouvois allier avec la liberté dont jouissoit ce peuple, sur-tout com-

(1) Art. Justice. Encyclopéd.

paré à nous ; mais en réfléchissant que l'un des plus puissant moyens de l'autorité domestique consiste dans l'habitude d'une subordination graduée, et que la puissance domestique n'étoit complète que chez les peuples qui avoient un gouvernement libre ; j'ai dû conclure, au contraire, que la puissance du maître sur ceux qui le servent, n'est jamais si respectée et si entière que chez les peuples qui jouissent de plus de liberté.

Il est temps enfin de nous dire que nous ne sommes plus en révolution : nous avons un gouvernement, et toutes les idées secondaires d'ordre, de subordination doivent découler de son institution. Le mot de maître et de serviteur n'est pas plus fait pour blesser des oreilles républicaines, que celui de généraux ou de chefs dans une armée. Nous obéissons tous à la loi, c'est-à-dire, à l'expression d'une volonté à laquelle nous avons tous le droit de participer, en remplissant des conditions qui ne sont impossibles pour aucun. Sans doute on a dû proscrire ces dénominations données par les caprices de la vanité, qui, en désignant l'inutilité de service auquel on condamnoit l'espèce d'hommes dont on dépeuploit les campagnes, désignoit aussi la classe d'individus qui les exigeoit ; et les noms bizarres, donnés par le luxe et la mode, devoient être proscrits avec l'emploi dont ils étoient l'expression. Mais falloit-il proscrire le nom le plus doux, le plus affectueux, le plus paternel, celui qui rappeloit un membre de la famille, *domus* ? Celui de domestique est un mot.... Dis-moi, novateur insensé, as-tu pensé que ton néologisme dureroit plus que ta tyrannie et ton usurpation? Habitué àtout dégrader autour de toi, tous ceux qui composoient ta maison, devoient te ressembler. Tu voulus sans doute leur cacher tout ce qu'il y avoit d'avilissant à te rendre des soins, et tu crus les honorer davantage, en leur donnant le nom d'*hommes de confiance*, d'*officieux* ; que sais-je ! Ah ! s'ils eussent rempli près de toi le premier titre dont tu les parois, ils eussent véritablement inspiré presque autant d'horreur que toi-même. Je te pardonne de n'avoir jamais éprouvé pour eux un sentiment que tu ne sus jamais inspirer. Mais qui t'a permis de changer ainsi, de dénaturer la langue, d'en effacer leur plus beau titre !... Oui, mes vieux amis, mes vieux serviteurs, vous qui vîtes naître la plupart de nous ; vous qui rendîtes des soins si assidus et si touchans à un père que vous avez pleuré comme nous-mêmes ! qui partagez depuis si long-temps, et nos douleurs, et notre joie ; oui, comme nous, vous êtes *de la famille !* que dis-je ! vous n'avez pas quitté cette maison qui fut la vôtre, et qui le sera toujours : elle est à vous plus qu'à moi-même, qui depuis si long-temps en vis éloigné, et qui ne m'en rapproche que par mes souvenirs, mes vœux et mon regret ! Dites-le-moi ; avez-vous besoin qu'on vous déguise votre état pour vous le faire supporter ? parlez ! Vous qui eûtes toute notre confiance, désirez-vous un titre qui vous la rappelle, et qui vous seroit commun avec tant d'autres qui ne l'obtinrent jamais de leurs maîtres ? Ah ! plutôt gardez, gardez, et votre ancienne place, et votre antique dénomination ; soyez toujours de la famille ! et si jamais l'ingratitude venoit à oublier, et vos services, et vos droits, montrez-leur cette page qu'effacèrent souvent les larmes de la reconnoissance ; faites-vous lire ces lignes tracées par une main qui vous fut chère ; qu'elles vous servent de titres ! Puissai-je me faire excuser d'avoir, en les publiant, moins écouté le sentiment des convenances, que cédé au besoin de mon cœur ! . . .

Le temps me manque pour donner à cet écrit, qu'on

qu'on trouvera peut-être déjà si long, tout le développement dont il est susceptible. Pour obéir à la fois aux circonstances qui me pressent, et atteindre, autant qu'il est en moi, le but d'utilité que je m'étois proposé, je me bornerai à indiquer les voies que je n'ai pu parcourir.

J'aurois cherché à étayer de raisonnemens et de preuves la nécessité de ne pas borner les lois sur la famille aux rapports de père à fils, de mari à femme, de maître à serviteur ; mais dans nos mœurs modernes, et pour des nations manufacturières, j'aurois fait sentir la nécessité d'étendre leur domaine, et de comprendre dans ces rapports ceux d'ouvriers, de compagnons ou d'apprentis, à maître, chefs d'atelier, etc. ; j'aurois facilement prouvé qu'on ne fait bien que ce qu'on fait souvent, et constamment qu'on ne commande, qu'on ne dirige parfaitement que ce qu'on a long-temps exécuté et suivi soi-même ; et la rigueur des réglemens sur les apprentis, en Angleterre, comparée avec la licence de nos lois nouvelles sur le même objet, auroit amené des résultats utiles. On auroit vu qu'eu égard à notre état actuel, l'établissement de nos *six corps* avoit des avantages qu'il falloit conserver, des ridicules et des abus qu'il falloit détruire ; sans adopter la longueur de l'apprentissage usité chez nos voisins, il falloit du moins, quand on vouloit rivaliser d'industrie avec une nation, suivre des procédés analogues à ceux qu'elle emploie pour vivifier la sienne. On auroit facilement senti que cette association du maître avec l'apprenti et l'ouvrier, cette adoption temporaire à la fois utile et *pieuse*, en augmentant les rapports qui existent entre les membres de diverses familles, fourniroit à chacune d'elles une infinité de nouveaux points de contact, formeroit comme un ciment nouveau, qui, réunissant les divers élémens, contribueroit à la solidité de l'édifice social ou de la grande famille.

Loin de faire empiéter la puissance *civile* ou *politique* sur la puissance *domestique*, j'aurois proposé plutôt d'accroître celle-ci aux dépens des deux autres. Ainsi, par exemple, après avoir démontré qu'une société n'est qu'un composé de familles, conséquent à ce principe, on auroit conclu que *la représentation d'une société n'est que la représentation des familles qui la composent*. Or, nul ne peut mieux représenter chaque famille, que celui qui en est le chef; donc c'est *aux seuls chefs de famille* que j'aurois demandé qu'on accordât le titre de *citoyen actif* ou *d'électeur*.

Ceux-ci sans doute pourroient élire qui *bon leur sembleroit*, pour les représenter à leur tour, gérer leurs intérêts, remplir la place et les fonctions de député, magistrat, en un mot, de fonctionnaire quelconque; mais les *chefs de famille* seroient les seuls *élisans*, les seuls *citoyens*.

Dira-t-on que c'est priver la plus nombreuse portion du peuple des *droits de l'homme?* Oui, sans doute, dans le sens que vous avez donné à ces deux mots réunis : mais si vous suivez leur véritable signification, vous verrez que les seuls *droits* de l'homme sont les droits de *père*, d'*époux*, de *fils*, de *femme*, etc., dont on le prive, et que la plupart de ces *droits* qu'on lui donne, sont de véritables *fonctions* publiques. Les véritables droits de l'homme, au contraire, sont ceux de la société primaire appelée famille, les seuls tracés par la nature, les seuls qui n'auroient pas besoin d'être écrits, s'ils n'avoient été effacés par d'imprudentes mains, et remplacés par d'autres prétendus droits. Le père a *droit* au respect, à la soumission, à l'amour de ses enfans, et ceux-ci ont *droit* à la tendresse de leurs parens; le *chef* de famille a droit à l'obéissance de ses compagnons, de ses apprentis, de ses serviteurs; chacun a *droit* à ce qui lui appartient, et il en doit jouir, non-seulement toute sa vie, mais pouvoir en disposer même après sa mort; il doit avoir enfin la propriété de sa personne et de sa chose la plus entière pour l'exercer, l'exploiter, en user, dans toute la latitude qu'elle peut embrasser sans blesser les *droits d'autrui*, etc., etc....

Si ce sont des *droits*, et que vous comptiez les membres de la société *par tête*, comme vous l'avez fait jusqu'ici, nul individu ne peut en ôter l'exercice à aucun autre. Pourquoi le refuseroit-on à la femme? Certes, le résultat est absurde, mais il est conséquent. Doit-on être étonné que, partant de ce principe, un homme de lettres distingué, un mathématicien célèbre ait proposé de faire jouir les femmes de leurs *droits* politiques, et nous ait annoncé qu'elles parviendroient à les obtenir, à l'époque du perfectionnement de l'espèce humaine!... (1)

Si ce sont des *droits*, qui vous donna celui de les modifier, d'en restreindre l'exercice à ceux qui ont une certaine quotité de fortune?... Aussi ce n'est pour ainsi dire qu'en tremblant qu'on a exigé d'abord une portion de propriété évidemment insuffisante!...

---

(1) Condorcet.

Si ce sont des *droits*, pourquoi en priveroit-on l'homme en état de domesticité ? .... Aussi vos premiers législateurs avoient-ils admis tous ces individus dans les premières assemblées ! .... On pourroit, en suivant le même raisonnement, prouver qu'on ne doit pas même en exclure l'enfance ! Combien peu il faut faire de pas pour arriver à l'absurde, en partant d'un faux point de vue. . . .

Mais si la plupart de ces prétendus *droits* ne sont que des fonctions publiques, à l'exercice desquelles on peut mettre telles conditions qu'on veut prescrire, quel inconvénient, quelle difficulté, quelle injustice peut-on trouver à exiger tel âge, tel sexe, telle qualité, telle fortune, tel talent pour les remplir ? . . .

Toute cette confusion est le résultat nécessaire du principe qui établit qu'une nation n'est qu'une *agrégation d'individus* ; mais en la considérant comme un *composé de familles*, dont chacune a un chef qui la représente, il n'y a pas un membre qui ne soit à sa place, pas un seul qui puisse se plaindre d'être privé de ses droits. Certes, cette distinction seroit aussi scholastique que ridicule et futile, si on n'envisageoit pas uniquement les conséquences.

Après avoir fait du père de famille le seul

citoyen, nous aurions proposé d'en faire un véritable magistrat, de l'entourer de vénération et de respect, de lui accorder même des priviléges; et ce n'est pas de ceux-là que vous auriez à vous plaindre ou à vous repentir. Qu'on ne pût, par exemple, faire d'arrestation d'aucun des individus qui composent sa famille, sans son consentement, ou du moins sans qu'il en fût prévenu un moment avant l'exécution, et en lui faisant connoître les motifs de l'arrestation; qu'il ne pût être arrêté lui-même, sans qu'on requît la présence et la signature de deux autres chefs de famille voisins ou autres; . . . qu'à égalité d'âge, il eût la préférence, ou dans l'assemblée législative, ou dans telle autre. . . . . . On sent qu'il est possible de multiplier à l'infini ces distinctions innocentes, qui ne seront que des modifications et des applications du principe, mais qui, pour être sans danger, n'en sont pas moins importantes; et ces propositions qui perdent à n'être qu'énoncées, auroient peut-être acquis, par le développement, une consistance utile qui les eût fait adopter. Nous raisonnons ici dans l'hypothèse que le père existe; mais, à son défaut, que le plus âgé des fils prenne sa place, et soit chef de la famille; que, pendant la minorité de celui-ci, ou à son défaut, le grand-père, le plus âgé des oncles, ou le parent le plus près en tienne lieu. Nous ne faisons qu'indiquer pour ainsi dire les sommités des objets dont l'emploi, la détermination précise, l'application appartiennent à la législature; et certes, ce n'est pas au moment où les plus habiles juristes de la république remplissent, et vos comités, et vos deux conseils, qu'on a besoin de faire autre chose qu'indiquer.

En coordonnant ainsi les diverses parties, en faisant du père, de l'époux, du maître un magistrat responsable, qui, sans éclat, sans frais et sans danger, assure l'ordre, l'exécution des lois, combien de rouages intermédiaires, d'autorités arbitraires, de magistrats dont on eût pu se passer, et qui ne remplaceront jamais les premiers! Quelle force excessive et dangereuse, au contraire, ne sera-t-on pas obligé de donner au pouvoir exécutif d'un grand Etat, pour faire parvenir son action du centre à la circonférence! L'établissement, l'extension de la puissance domestique est le seul moyen peut-être de résoudre à l'affirmative la question faite si souvent, si les formes républicaines peuvent convenir à un peuple nombreux tout à la fois étendu sur une grande surface, et entassé dans de grandes villes. Elles exigent une grande sévérité de police, et on sait que la bonté de la police est en raison inverse de la liberté : celle qu'exige la situation de Paris aujourd'hui doit être, et plus inquiète, et plus active. Vous voyez qu'il a fallu l'étendre à toute la république, et en former un ministère. Sans doute le soin de veiller sur les émigrés en a été le motif : mais sans l'intervention de la puissance domestique, il est impossible que vous n'éprouviez pas le besoin continuel et constant d'une police plus étendue, et mille fois plus sévère encore.

L'autorité domestique, au contraire, une fois déterminée, la difficulté qu'il y a à allier la liberté avec l'étendue du territoire, la grandeur et la population des capitales se réduit à celle des approvisionnemens. Il en sera d'une grande ville comparée à une petite, comme d'une armée comparée à un régiment ; la discipline une fois bien établie, il n'est pas plus difficile de contenir la première, qu'une légion.

Ce qu'il importe donc de bien organiser, c'est l'*élément* de la masse entière, sans s'embarrasser de son plus ou moins grand volume.

A peine sortis de la tourmente révolutionnaire, nous n'avons encore que des passions publiques; le spectacle d'un nouvel ordre de choses, la paix, nos victoires, attachent, attirent tous les esprits; et ces passions, quoique diverses, pourroient se ranger sous deux ou trois classes que le magistrat peut surveiller. Mais quand ces grands mouvemens seront calmés, et que les passions individuelles reprendront leur activité chez un peuple délivré, il est vrai, de tant d'entraves, mais aussi de tant de frein; chez un peuple où tout est soldat, et au sortir d'une guerre où l'on comptera tant de héros; à leur retour, après un long séjour en pays étranger, ennemi, à combien de maux, de chocs, d'oppositions il faudra s'attendre! L'unique moyen de les prévenir, est de présenter à chacun la place, le siége sur lequel il doit s'asseoir et se reposer, et (nous fatiguons nos lecteurs à présenter la même idée) cette place est dans sa famille. . . . .

Nous avons été conduits à ces résultats, 1°. en examinant la grande société, que nous avons trouvé n'être, ni une collection d'individus isolés, ni une grande famille réunie sous un ou plusieurs chefs, mais bien un composé de familles.

2°. En nous arrêtant, dans l'analyse, à ce que

nous avons jugé être un élément et un *entier*, et cela, contre l'opinion des publicistes ou philosophes modernes les plus célèbres, et tout en suivant Aristote et la raison.

3°. En considérant cet entier sous toutes les faces, sous les diverses formes qu'il a subi, et chez les divers peuples anciens et modernes, et chez nous, aux diverses époques de notre histoire, et en diverses parties de la France, avant la révolution ; et les altérations graves, et les atteintes dangereuses portées à l'organisation de la famille, par les lois rendues depuis la révolution, plus funestes encore dans les provinces du Midi, habituées depuis longtemps à l'utile joug des lois romaines.....

Mais c'est à vous que j'en appelle, hommes du Midi ; c'est sur vous que je me repose de la peinture des milliers de maux qui ont fondu et qui vont fondre sur nos départemens, où l'on a porté la hache sur le principe social, par d'imprudentes lois. Parlez, vous qui peuplez et nos armées et nos camps ; faites entendre votre voix jusques dans le sanctuaire où on les prépare ! réclamez et vos titres sacrés de père et de fils, et les droits qui sont attachés à ces titres, et que chacun de vous se place dans ces heureux cadres formés par la nature ;

que chacun connoisse le sien, et que chaque registre, chaque carte civique le désigne; rappelons l'usage des Grecs, qui n'écrivoient jamais leurs noms, sans ajouter celui de leur père, *Thucydide fils d'Olorus*. Alors, chacun de nos braves frères d'armes, après avoir quitté ses drapeaux et ses chefs, viendra être à son tour, ou chef de famille, ou reconnoîtra un chef dans son père; le licenciement des troupes, époque toujours redoutée après une longue guerre, le licenciement, ce mot terrible, qu'on forma de celui de *licence*, et qui le rappela tant de fois, le licenciement ne sera qu'un enrôlement nouveau. Vous conserverez vos titres anciens et tous ceux que vous avez à la gloire, à l'immortalité, à la reconnoissance.

Autrefois, après avoir servi la cause de quelques hommes, après avoir versé ton sang pour vider une querelle que tu ne connus jamais, tu retournois, affoibli, malade, épuisé, mutilé même, dans ces foyers qui t'avoient vu naître, et où le récit de tes exploits, traités souvent de mensongers, ou écoutés avec indifférence et avec l'accueil de l'ennui, t'attiroit le mépris qui suit la pauvreté, les infirmités, la vieillesse. Aujourd'hui, la patrie, reconnoissante envers ceux qui l'ont fondée, à l'intention de te faire couler des jours heureux au sein de ces foyers, que tu as conquis ou défendus. Mais est-ce en laissant à une femme inconstante ou légère la faculté de t'abandonner toi et tes enfans, au premier caprice, à la première contradiction ? Est ce en te faisant l'égal en tout de ceux qui travaillent sous toi, à qui tu transmis ton industrie, ou qui t'aident à l'exercer ? Toi qui connus cette subordination des camps, la vertu la plus nécessaire après le courage, tu ne pourras ni l'exercer, ni l'exiger ! Ces enfans, ces fils égaux en tout à toi, à peine sortis de leur première jeunesse, auront le droit de s'asseoir à tes côtés, au milieu de l'assemblée publique; et plus remuans, plus nombreux, tu verras des enfans imberbes te condamner au silence, et l'emporter dans leurs délibérations tumultueuses et turbulentes, sur le sort d'une patrie pour laquelle tu as sacrifié ton sang ou perdu quelques - uns de tes membres. Quel moyen te reste-t-il aujourd'hui, pour récompenser un fils soumis et reconnoissant, ou pour te faire respecter et obéir d'enfans ou inconsidérés ou mutinés ? Ta fortune leur appartient également à tous; quand la mort les aura débarrassés du poids de ton inutile existence, ceux d'entre eux qui, lassés du récit de tes vieilles guerres, seront allés chercher fortune ailleurs, viendront partager tes dépouilles également avec l'enfant fidèle, mais jeune encore et foible, ou qui soigna tes derniers ans. Tout sera vendu à l'encan, et sans regret, jusqu'à cette vieille armure sur laquelle tu reposois la vue avec tant de charmes, qui te rappeloit tes anciens exploits, que tu eus voulu perpétuer dans ta maison comme le souvenir de l'usage heureux que ton courage en sut faire; elle se vendra avec ton champ, cette maison, cette chaumière; aucun de tes fils n'est assez riche pour l'acheter de ses frères, et il faut que tout soit réduit en valeur numérique, pour que le partage se fasse rigoureusement égal; et quant à ces meubles, à ces titres de ta gloire, quel prix veux-tu qu'ils y mettent? Ils ne valent que par les souvenirs; et qu'est-ce qui peut rendre ces souvenirs touchans et ces effets précieux? C'est la longue habitude du respect pour qui les posséda. Comment veux-tu qu'ils attachent quelque intérêt aux objets inanimés qui t'entourent? Toi-même, malheureux! inspires-tu quelque sentiment? . . . . . et si tu trouves qui ferme ta paupière, à peine les yeux clos à la lumière du jour, les tristes restes, les cendres inanimées d'un père, d'un héros peut-être, portées avec indifférence jusqu'au séjour de l'oubli, y seront ensevelies pour toujours, avec ton nom et ta mémoire; et malgré ton vœu, tu mourras tout entier.....

Ah! plutôt, ranime tes espérances! une loi bienfaisante et juste te rendra tous tes droits perdus. Reviens, reviens, dans tes foyers; et après avoir appendu au clou de la voûte, ton arme meurtrière et respectée, reprends l'attitude imposante et douce de père, d'époux et de maître. Revêtu de la robe magistrale, assis sur la chaise curule, entouré de cette nombreuse famille heureuse de ton retour, c'est là que tu raconteras avec plaisir, avec orgueil et avec fruit, et tes exploits et tes hauts faits: dis-leur, explique mille fois à chacun d'eux, et tes blessures, et tes cicatrices, et les grades que tu méritas, et les lauriers que tu cueillis; répète, répète sans cesse et tes périls et tes combats, tu ne parviendras jamais à les rassasier de tes récits; et les longues soirées de la saison rigoureuse suffiront à peine à satisfaire leur curieuse impatience. Vois ton auditoire diversement groupé autour de toi, sur tes genoux, à tes côtés; ils te pressent, ils t'entourent; ils étoient naguère agités, dispersés et bruyans, maintenant, l'œil fixe, muets, immobiles, on les voit suspendus à ta voix, ou d'intérêt ou d'admiration; tantôt, ils t'accablent de questions; et qui décidera si le plaisir de les faire égale celui d'y répondre! « Ici les en-» nemis firent une vigoureuse résistance, là, » mes enfans, votre père faillit perdre la vie; » mais, mon fils, un républicain, un Fran-» çais ne fuit jamais, et je préférai la mort » à une lâcheté!.... Perdant mon sang par » cette large blessure, dont vous voyez ici » la marque, je fus pendant long-temps laissé » sur le champ de bataille; les soins de mes » camarades et les ressources de l'art me ren-» dirent à la vie, et je ne la recouvrai que » pour savoir l'ennemi vaincu! » Que de mouvemens divers sur les différentes figures de cet intéressant tableau! L'un porte un regard curieux sur ta blessure; l'autre redoute d'y toucher, crainte d'en renouveler la douleur; mais la fierté, le courage, la vengeance se peignent sur les regards du plus âgé; il manie déjà tes armes; une vive impatience, une courageuse inquiétude se peignent sur tous ses traits; et cependant qu'à tes côtés, sa sœur, plus sensible aux maux que tu dus souffrir, vient baiser tes cicatrices, les arrose de ses larmes, et semble sentir à la fois et ta douleur et ta gloire, lui, plus intéressé qu'attendri, plus jaloux de t'imiter de te venger que de te plaindre, il trépigne, il frappe la terre, il brandit en guise de sabre, le premier jouet qui tombe sous sa main, et précipitant ses questions, il s'informe de l'arme la plus meurtrière et la plus sûre; il se met à la place des combattans; il eût couru sur l'ennemi; ici, il eût employé ou le fusil ou l'épée; et tandis que tu souris à son ingénuité; que par une explication à sa portée tu éclaires son ignorance, et que tu jouis sur-tout de son impétueux abandon, sa mère attentive à ses mouvemens, le voit avec orgueil, le mesure, l'apprécie d'avance, et s'assure déjà qu'il sera digne de son père, et qu'il saura le recommencer..... Il ne fuira pas..... il ne fuira pas, te dis-je, et tes récits et ton sang auront produit des héros!....

De l'imprimerie de DESENNE, rue d.
Moulins, n°. 546.

www.ingramcontent.com/pod-product-compliance
Ingram Content Group UK Ltd.
Pitfield, Milton Keynes, MK11 3LW, UK
UKHW020244180726
13839UKWH00001B/157

9 782329 230221